Kommunikation / Sprache

Materialien für den Kurs- und Projektunterricht
Herausgegeben von Hans Thiel

Film- und Fernsehsprache I

Texte zur Entwicklung, Struktur und Analyse der Film- und Fernsehsprache

Herausgegeben von Joachim Paech

Verlag Moritz Diesterweg

6255 Frankfurt am Main · Berlin · München

ISBN 3-425-06255-7

2. Auflage

Umschlagentwurf: Hetty Krist-Schulz, Frankfurt am Main
Satz: Georg Appl, Wemding
Druck: aprinta, Wemding
Münchner Industriebuchbinderei

Inhalt

Einleitung

Die vorliegende Textsammlung soll eine Einführung in die Entwicklung, Struktur und Analyse der Film- und Fernsehsprache geben. Ein solches Unternehmen ist indes mit einigen Schwierigkeiten verbunden: das gilt für die Auswahl der Texte ebenso wie für deren Verwendung im Unterricht. So ist z.B. die Rede von einer besonderen ‚Sprache' des Films und des Fernsehens in sich selbst problematisch, was jedoch, da es unmittelbar zum Gegenstand dieses Bandes gehört, in einer Reihe von Texten als spezifische Schwierigkeit, die eine analoge Verwendung des Terminus ‚Sprache' für die Wort- und Bild‚sprache' bereitet, thematisiert wird. Bedenklicher ist der Umstand, daß in den vorliegenden Texten mit wenigen Ausnahmen von nichts anderem die Rede ist als von der Film- und Fernsehsprache und dabei so wichtige Fragen ausgeklammert werden wie: Wer und mit welchem Interesse bedient sich dieser ‚Sprache', deren Verwendung, weil an die Verfügung über technische Medien gebunden, nur wenigen Personen und gesellschaftlichen Gruppen möglich ist? Was sind demnach ihre je konkreten Produktions-, Distributions- und Rezeptionsbedingungen, das also, was die Massenmedien Film und Fernsehen als Medien der Massenkommunikation im herrschenden Verständnis bestimmt und damit selbstverständlich auch die ‚sprachlichen' Mittel, derer sie sich bedienen? Was leistet diese ‚Sprache' für die Konstitution gesellschaftlichen Bewußtseins oder, wie es einmal genannt wurde: welches Weltbild legen die Fernsehbilder von der Welt nahe? – Eine Reihe anderer Fragen wäre hier anzuschließen.

Die Folgen, die eine nur ‚sprachanalytische' Behandlung der Massenmedien im Unterricht hat, sind häufig und mit viel Berechtigung beklagt worden. Zweifelhaft ist ein Vorgehen, in dem ein „Lehrer seine Schüler erst das Wörterbuch und die Grammatik einer fremden Sprache auswendig lernen läßt, ehe die Schüler auch nur mit einem einzigen Satz in der fremden Sprache Bekanntschaft"[1] gemacht haben, schon deshalb, weil Schülern diese Sprache keineswegs fremd ist und sie im Gegenteil ausgiebig rezipierend davon Gebrauch machen; einzig fremd ist ihnen, daß es sich dabei um eine *besondere* Sprache handeln soll. Und eine Sprache zu lernen, die man ‚von Natur aus' zu verstehen meint, auch ohne deren ‚Grammatik' zu beherrschen, scheint wenig sinnvoll zu sein.

Die Legitimation, eine besondere ‚Sprache' von Film und Fernsehen dennoch zum Gegenstand des Deutschunterrichts zu machen, entstammte u. a. einer „Dialektik der Aufklärung", die ihre Negation in der „Bewußtseinsindustrie" und dort in der Technik der „Manipulation" hatte. Das scheinbar unmittelbare Verständnis der Massenmedien erwies sich danach als bewußt hergestelltes Mißverständnis. Vor allem an Nachrichten und Werbung des Fernsehens wurden immer wieder jene „sprachlichen ‚Kunstgriffe' "[2] aufgedeckt, mit denen angepaß-

[1] *Gerd Albrecht:* Neuorientierung der Medienpädagogik. In: Film, Bild, Ton 1970, Heft 6, S. 5.

[2] Vgl. *Reent Schwarz:* Kritik der Massenkommunikation im Deutschunterricht – eine Bestandsaufnahme. In: *ders.* (Hrsg.): Manipulation durch Massenmedien. Aufklärung durch Schule? Stuttgart 1974, S. 89.

te Bürger und totale Konsumenten ‚manipuliert' wurden. Die Parole der Gegenaufklärung mußte deshalb lauten: „Von diesen Herrschaftsideologien, von bezahlten Zynikern in Wort und Bild perfekt organisiert, kann der lohnabhängige Zuschauer sich nur zu seinem Klassenbewußtsein befreien, wenn auch er das ABC der Wort- und Bild-Sprache beherrscht. Denn dem Wort-Analphabetismus vergangener Jahrhunderte entspricht der Bild-Analphabetismus des unseren."[3] Diese Aufklärung verstrickte sich jedoch in dieselben Widersprüche, an deren Aufhebung sie sich beteiligen wollte; indem sie die Hoffnung, „daß, wenn der ‚Schleier der Manipulation' weggerissen wäre, die Unterdrückten den wirklichen Gegner erkennen und den Kampf gegen ihn aufnehmen würden"[4], nicht verwirklichen konnte, resignierte sie mit dem Reden von der „totalen Manipulation".

Welchen Sinn die Auseinandersetzung mit der Film- und Fernsehsprache dennoch (oder überhaupt erst) haben könnte, ist durch Enzensbergers Aktualisierung der Brechtschen „Radiotheorie" und der dort aufgestellten Forderung, den Rundfunk „aus einem Distributionsapparat in einen Kommunikationsapparat zu verwandeln", der es „verstünde, nicht nur auszusenden, sondern auch zu empfangen, also den Zuhörer nicht nur hören, sondern auch sprechen zu machen und ihn nicht zu isolieren, sondern in Beziehung zu setzen"[5], dann klargeworden, wenn man sich an die Versuche, die Massenmedien tatsächlich in dem ihnen wesentlichen Sinn, sie als Medien der Massen von diesen selbst zu benutzen, erinnerte. Ansätze einer politischen Gegenkultur in den USA und West-Europa und auch Versuche in der Bundesrepublik und West-Berlin, insbesondere im Jugendfreizeitbereich so etwas wie eine ‚Gegenöffentlichkeit' aufzubauen, sind durch die audiovisuellen Medien Super-8 und Video ganz entschieden mit geprägt worden. Das bedeutet aber, daß die spezifischen Artikulationsmöglichkeiten dieser Medien aufgegriffen, angewandt und im Sinne ihrer Benutzer verändert werden mußten.

Legitimationsschwierigkeiten der öffentlich-rechtlichen Sendeanstalten schienen schließlich sogar zu rechtfertigen, ernsthaft die Nutzung dieses Massenmediums im Interesse der Schüler und Lehrlinge durch diese selbst zu erwägen – im Interesse derjenigen also, die bisher als gesellschaftliche Gruppe fast gar nicht oder nur sehr entstellend an dieser medienvermittelten Kommunikation der Gesellschaft ‚beteiligt' wurden. Das führte zu Sendungen wie „Direkt" des ZDF oder „Schüler machen Filme" im WDR.[6]

Das Interesse an der Beschäftigung mit der Film- und Fernsehsprache kann sich also nicht mit der Erarbeitung sprachlicher Strukturen oder formaler Analysen

[3] *Friedrich Knilli, Erwin Reiss:* Einführung in die Film- und Fernsehanalyse. Ein ABC für Zuschauer. Steinbach 1971, S. 7.

[4] Vgl. *SDS-Autorenkollektiv, Springer-Arbeitskreis der KU:* Der Untergang der Bild-Zeitung, o.O.o.J., S. 1, zit. nach: *Knut Hickethier, Wolf Dieter Lützen:* Die Massenmedien als Aufgabenfeld der Kunstpädagogik – Eine Bestandsaufnahme zur Visuellen Kommunikation. In: *Reent Schwarz* (Hrsg.): Manipulation durch Massenmedien, S. 122.

[5] *Bertolt Brecht:* Gesammelte Werke, Bd. 18. Frankfurt/M. 1967, S. 129.

[6] Zur Diskussion um die ZDF-Sendung „Direkt" vgl. zuletzt: *Wolfgang v. Fumetti, Joachim Gerloff:* Direkt – Ein Magazin mit Beiträgen junger Zuschauer. In: Jugend, Film, Fernsehen 19 (1975), Heft 1. Zu WDR „Schüler machen Filme" vgl. *Joachim Paech, Monika Kirschner, Karl Mertes:* Schülerfernsehen. In: Didaktik der Massenkommunikation, Bd. 3. Stuttgart 1975/76.

zufrieden geben, sondern es muß sich von vornherein auf die aktuelle Sprachverwendung in den Massenmedien beziehen, auch wenn der Bedingungszusammenhang der Praxis der Film- und Fernsehsprache im Sinne der eingangs gestellten Fragen hier nicht unmittelbar thematisiert werden kann.

Desgleichen wird die sinnvolle Behandlung der Film- und Fernsehsprache im Deutschunterricht (ähnliches gilt für die Kunsterziehung, den Sozialkundeunterricht und auch – unter anderen institutionellen Bedingungen – für den Jugendfreizeitbereich) auf die Befähigung (Kompetenz) der Schüler, sich selbständig mit den Ausdrucksmitteln der audio-visuellen Medien mitteilen zu können, abzielen müssen. Unter Berücksichtigung der speziellen Probleme der ‚praktischen Medienarbeit' der Schüler ist ein zweiter Band („Film- und Fernsehsprache II: Film- und Videopraxis") vorgesehen.

In diesem Zusammenhang werden die vorliegenden Texte zur „Entwicklung, Struktur und Analyse der Film- und Fernsehsprache" die Aufgabe haben, die Ausdrucksmittel des Films und des Fernsehens als spezifische ‚sprachliche' Mitteilungsformen auszuweisen. Aus der historischen und formalen Ableitung ihrer Gesetzmäßigkeiten sind Kriterien verfügbar zu machen, die sowohl der Kritik aktueller Produktionen der audio-visuellen Massenmedien (zumindest auf ihrer audio-visuellen Erscheinungsebene) dienen können, als auch einer künftig mehr selbständigen Praxis medienvermittelter Kommunikation der Schüler.

Der *erste Textblock,* der sich mit der Entwicklung der Filmsprache befaßt, stellt bewußt den Begriff der ‚Montage' in den Mittelpunkt. Einerseits verweist die ‚Montage' noch auf den konkret handwerklichen Ursprung der filmischen Mitteilung aus der Zusammensetzung von Filmstücken, darüber hinaus ist in diesem Begriff jedoch auch das Moment des unmittelbaren Artikulierens gesellschaftlicher Zusammenhänge aufgehoben, was Sergej Eisenstein in seinem Aufsatz „Dikkens, Griffith und Wir" zu zeigen vermochte. Die Entwicklung der Filmsprache geht im Montage-Begriff sicherlich nicht auf, noch weniger in dem der Kontrast-Montage von Eisenstein; nirgendwo ist jedoch das Grundprinzip ‚sprachlicher Organisation' des Filmmaterials deutlicher geworden als in der Theorie und Praxis der frühen sowjetischen Filmemacher der Stummfilmzeit.

Die Frage, die das Wesen der filmischen Artikulationsweise betrifft: wie jenes ‚Dritte', die Bedeutung (oder Semantik) aus dem Zusammenfügen zweier Teile des Films entsteht, soll im *zweiten Textblock,* wenn auch mit anderen Mitteln, zu beantworten versucht werden. Wenn erst einmal die Zulässigkeit der Analogie der bildlich-symbolischen Film‚sprache' zur begrifflichen Wortsprache akzeptiert ist, erweisen sich die Methoden der Sprachforschung wie die strukturalistische Linguistik auch für die Untersuchung filmsprachlicher Strukturen als nützlich. Die Texte zur Filmsemiotik sollen einige methodische Ansätze, aber auch Probleme der strukturalistischen Filmanalyse aufzeigen, ohne daß allerdings auch nur im mindesten der kommunikations- und zeichentheoretische Zusammenhang entfaltet werden kann; ein kurzer Hinweis muß hier genügen. Brauchbarer für den anschließenden Analyse-Teil und auch mehr im Sinne der eingangs betonten Praxisrelevanz der Texte ist sicherlich, daß in einem „Lexikon" die Hauptbegriffe der Film- und Fernsehanalyse noch einmal zusammen- und damit der Analyse zur Verfügung gestellt werden.

Die Analysen im *dritten Textblock* schließlich beziehen sich ganz auf Fernsehprogramme und -genres. Trotz ‚wesensmäßiger' Unterschiede zum Film (zur genaueren Erklärung des ‚Wesens' dieser Unterschiede muß hier auf das Stichwort ‚Politökonomie der Massenmedien' in der Aufstellung weiterführender Literatur verwiesen werden), sind Film und Fernsehen hinsichtlich ihrer Sprachstrukturen durchaus vergleichbar. Die abgedruckten Analysen sollen einmal ‚Textformen' der Fernsehsprache wie Wort-Bild-Nachrichten, Feature oder Serienfilm erkennen lassen, zum anderen aber vor allem als Beispielanalysen für die Kritik aktueller Fernsehprogramme dienen.

1. Entwicklung der Film- und Fernsehsprache

Einführung in die Texte

Der Film ist als „Produkt des hochkapitalistischen Zeitalters“ zunächst nichts anderes als „das Resultat einer sinnvollen Kombination von Erfahrungen und Erfindungen auf den Gebieten der Physik, der Chemie, der Optik und der Mechanik“ im Sinne „einer rentablen Auswertung“[1] dieser Erfindung. Von einer besonderen ‚filmischen Sprache‘ konnte erst die Rede sein, als über die bloße technische Reproduktion von Bewegungsabläufen hinaus der Film auch als ‚besondere Ausdrucksform‘ entdeckt wurde:

> „Wodurch wird der Film zu einer so ganz besonderen Ausdrucksform? Ich meine den Zelluloidstreifen, die Bildfolge, die man auf der Leinwand sieht. Denn man könnte doch sagen, daß das eigentliche Kunstereignis die ursprüngliche Gestaltung im Atelier, oder in der Natur, jedenfalls vor dem Apparat geschieht und auch zeitlich vor dem Film geschehen ist. [. . .] Der Film ist bloß photographische Reproduktion.
>
> Warum stimmt das nicht? Was sehen wir im Film, was wir im Atelier, vor demselben Motiv nicht sehen können? Welche Wirkungen sind es, die erst im Filmstreifen primär entstehen? Was ist es, was die Kamera nicht reproduziert, sondern selber schafft? Wodurch wird der Film zu einer besonderen eigenen Sprache? Durch die Großaufnahme. Durch die Einstellung. Durch die Montage.“[2]

1.1. Die Fragen, die hier der ungarische Filmtheoretiker Béla Balázs stellt, sind die gleichen, die den Holländer Jan-Marie Peters, einen Literaturwissenschaftler und Medienpädagogen, zu der Feststellung veranlaßt haben, daß die Entstehung der Filmsprache überhaupt erst durch den produktiven Einsatz filmischer Mittel, allen voran die Montage, ermöglicht wird. Die vom Theater (aus dem heraus Eisenstein z. B. sein Prinzip der „Montage der Attraktionen“ entwickelt hat[3]) her bekannten künstlerischen Ausdrucksmittel bleiben auch für den Film konstitutiv, das sind „Monologe oder Dialoge, Kommentar, Gesichtsausdruck, Körperhaltung und -bewegung, das Auftreten und Benehmen der Schauspieler, Kostüme, Dekor, Musik und allerlei Objekte mit konventionell-symbolischer Bedeutung“ (J. M. Peters). Zu einer eigenen Sprache des Films gelangt das Medium jedoch erst durch die „Montage von zwei oder mehr Aufnahmen“. Peters, der die Montage sogar mit dem „filmischen ‚Satzbau‘“ als sprachlichem Konstruktionsprinzip des Films gleichsetzt, verweist an zwei Stellen auf den eigentlichen Kern des Problems, das sich anschließend an Hand des berühmten Experiments von Lew Kuleschow verdeutlichen lassen wird:

[1] Vgl. *Peter Bächlin:* Der Film als Ware. Basel 1945, S. 11 (Reprint Berlin 1972).
[2] Vgl. *Béla Balázs:* Der Geist des Films. Halle (Saale) 1930, S. 8 (Reprint Frankfurt/M. 1972, Hrsg. *Hartmut Bitomsky*).
[3] Vgl. *Sergej Eisenstein:* Die Montage der Attraktionen. In: Ästhetik und Kommunikation 4 (1973), Heft 13, S. 76–78, dazu: *Karla Hielscher:* S. M. Eisensteins Theaterarbeit beim Moskauer Proletkult (1921–1924), ebd., S. 64–75.

„Denn: sobald in der Zusammenfügung von zwei oder mehr Bildern etwas zum Ausdruck kommt, was in den einzelnen Bildern nicht enthalten ist, ‚spricht' der Filmregisseur (oder derjenige, der für die Montage verantwortlich ist) durch die ‚Form' der Bilderkombination."

Und für die Erzählweise des Films heißt es entsprechend:

„Im Gegensatz zur Wiedergabe oder Registratur eines Geschehens setzt eine Erzählung die Darstellung von Zusammenhängen voraus, über die das Geschehen selbst keine Auskunft gibt." (J. M. Peters)

1.2. Pudowkin verdeutlicht seine These, die „Filmkunst [und damit eine eigene Filmsprache – JP] beginne in jenem Augenblick, wo der Regisseur daran ginge, die verschiedenen Filmstücke zu kombinieren und zusammenzusetzen"[4], am Beispiel eines der Experimente mit der Montage-Technik, die Lew Kuleschow, sein Lehrer und wie Pudowkin einer der großen sowjetischen Stummfilmregisseure, zwischen 1918 und 1920 durchgeführt hat. Es geht um den Nachweis, daß aus der Zusammenfügung zweier völlig unabhängig von einander entstandener Filmaufnahmen (Einstellungen) etwas Neues, Drittes entsteht, das in keiner der beiden Aufnahmen enthalten war und daß darin die spezifische Ausdrucksweise des Films begründet liege. (Das Experiment ist einfach und kann leicht mit einer Super-8 Kamera wiederholt werden: Zunächst wird eine längere Aufnahme eines unverändert blickenden Gesichts gemacht, danach wird eine Reihe von Gegenständen, Situationen, Landschaften etc., auf die der Blick fallen könnte, aufgenommen. Diese Einstellungen werden abwechselnd in die Aufnahme des blickenden Gesichts ‚hineinmontiert': Es wird sich zeigen, daß bei prägnanten Beispielen der Blick danach beurteilt wird, worauf er sich scheinbar richtet, ohne daß er ursprünglich mit dem jeweiligen Gegenstand etwas zu tun hatte.)

Hitchcock hat das Experiment in seinem Film „Das Fenster zum Hof" benutzt. Sogar der ganze Film beruht auf dem Prinzip des Experiments: Ein Fotoreporter sieht, weil er ein Gipsbein hat und daher bewegungsunfähig ist, während fast der ganzen Zeit aus dem Fenster seiner Wohnung:

„Das bot die Möglichkeit, einen vollkommen filmischen Film zu machen. Da war der unbewegliche Mann, der nach draußen schaut. Das ist das erste Stück des Films. Das zweite Stück läßt in Erscheinung treten, was der Mann sieht, und das dritte zeigt seine Reaktion. Das stellt den reinsten Ausdruck filmischer Vorstellung dar, den wir kennen. [. . .] nehmen wir eine Großaufnahme von James Steward. Er schaut zum Fenster hinaus und sieht zum Beispiel ein Hündchen, das in einem Korb in den Hof hinuntergetragen wird. Wieder Steward, er lächelt. Jetzt zeigt man an Stelle des Hündchens, das im Korb nach unten getragen wird, ein nacktes Mädchen, das sich vor einem offenen Fenster dreht und wendet. Man nimmt wieder dieselbe lächelnde Großaufnahme von James Steward, und jetzt sieht er aus wie ein alter Lüstling."[5]

Anders als in Kuleschows Experiment, sind die Einstellungen bei Hitchcock von vornherein durch die Absicht, etwas Bestimmtes durch ihre Montage ausdrücken zu wollen, in Beziehung gesetzt. Auf extreme Weise hat Sergej Eisenstein, der wohl berühmteste der frühen sowjetischen Filmregisseure, die Montage als bewußtes

[4] S. u. S. 17.

[5] *François Truffaut:* Mr. Hitchcock, wie haben Sie das gemacht? München 1975 = Heyne-Buch 7004, S. 211.

‚In-Beziehung-Setzen‘ von Einstellungen für ganz bestimmte Mitteilungsformen des Films benutzt.

1.3. Eisenstein kritisiert folgerichtig an Kuleschows Montage-Begriff das additive Prinzip, das bloße Aneinandersetzen der Bildausschnitte wie Bausteine, seiner „Ansicht nach ist aber Montage nicht ein aus aufeinanderfolgenden Stücken zusammengesetzter Gedanke, sondern ein Gedanke, der im Zusammenprall zweier voneinander unabhängiger Stücke *entsteht* (‚Dramatisches Prinzip‘)“ (Eisenstein).

Aus einem System derart in Beziehung gesetzter Oppositionen versucht Eisenstein eine „Art Film-Grammatik“ zu begründen, eine „Syntax der Filmäußerungen, in der der visuelle Kontrapunkt ein ganz neues System der Äußerungsformen zur Folge haben kann“. Was gemeint ist, macht Eisensteins Verweis auf die japanischen Schriftzeichen deutlich: Die Bildausschnitte als „selbständige ideographische *Zeichen*“ verschmelzen, in Beziehung gesetzt, zu einem neuen *Begriff*.

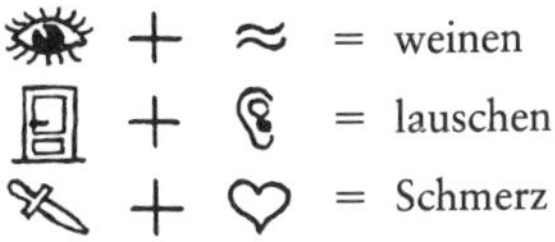

Wichtig ist, daß es sich um die *Beziehung* zweier Zeichen handelt, deren *Bedeutung* mit dem jeweiligen *Begriff* wiedergegeben ist. Die Frage ist jedoch, wie eindeutig z.B. der Begriff „weinen“ aus der Opposition der Zeichen 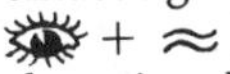 hervorgeht, damit aus der syntaktischen Organisation visueller Zeichen eine der Wortsprache vergleichbare Filmsprache entstehen kann? Schließlich, was definiert z.B. die Zeichen 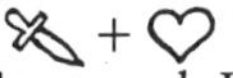 in der Weise, daß man ihre Beziehung als „Schmerz“ deutet und nicht etwa als Ideogramm für „Herztransplantation“? Fragen dieser Art, die sich hier aus der praktischen Notwendigkeit, Mitteilungsformen für den Film zu entwickeln, ergeben, werden in den Texten zur Struktur der Filmsprache z.B. als ‚Lexikon-Problem‘ der Filmsprache noch einmal aufgenommen.

Die Konventionalität der sprachlichen Zeichen, die in der Wortsprache die Bedeutungsidentität der Begriffe verbürgt, muß im Kontext des Films immer erst wieder neu hergestellt werden, d.h. die Bedeutungen von Einstellungsoppositionen sind immer nur aus dem Film und nicht unabhängig von ihm definiert. Einschränkend gilt, daß die Bedeutung bestimmter Zeichenbeziehungen auch *vor* ihrer Verwendung im Film schon als sprachliche oder Bildmetaphern bekannt, also konventionalisiert sein können; das ist vor allem dann der Fall, wenn in der Filmgeschichte die Filme selbst eine Reihe von Metaphern hervorgebracht haben, deren ‚konventionelle‘ Verwendung ihre Bedeutung im Film von vornherein definiert. Zu dieser Entwicklung hat Eisenstein einen erheblichen Beitrag geliefert, auch mit seinem ersten großen Spielfilm „Streik“. Filmmetaphern wie jener, in der das Ausdrücken einer Zitrone durch einen Kapitalisten in Beziehung gesetzt wird zur Ausbeutung der russischen Arbeiter, fehlt es nicht an Eindeutigkeit. Die Schlußszene aus „Streik“ nennt Eisenstein selbst das „Filmsymbol eines ‚Menschenschlachthofes'", eine „verallgemeinernde ‚plastische Redewendung', die dem sprachlichen Bild ‚blutiger Friedhof' nahekommt"[6].

1.4. Um Eisensteins ‚Sprachtheorie' des Films am „Streik"-Finale nachvollziehen zu können, ist es zunächst notwendig, den ganzen Film mindestens einmal zu sehen.[7] Die abgedruckten Photogramme können nur einen sehr unzulänglichen Eindruck von der „emotionellen Dynamisierung" geben, die Eisenstein mit dieser Montage erreichen wollte. Vielleicht erweisen sich andere Sequenzen sogar als prägnantere Beispiele für Eisensteins Montage-Technik, z.B. die Verwandlung der Spitzel in die „Eule", die „Meerkatze" und die „Bulldogge" u.a.[8]

Die Abkürzungen im Protokoll des „Streik"-Finale bedeuten: T=Totale, HT=Halbtotale, AM=Amerikanisch, HN=Halbnah, N=Nah, G=Groß, GG=Ganz Groß. Diese Benennungen unterscheiden sich etwas von denen, die im ‚Lexikon' des vorliegenden Bandes (S. 46–48) benutzt werden, zu ihrer Bedeutung vgl. dort. – Die Zahlen in der Klammer bedeuten: die erste die Länge der jeweiligen Einstellung in Metern, z.B. E 1780 1m, die zweite die fortlaufende Meterzahl des ganzen Films, bei 1780 also 1121,9. (Die Angaben beziehen sich auf eine 16mm Kopie mit 24 Bildern/Sek, das Original ist in 35mm und 18 Bildern/Sek gedreht.)

1.5. Wenn man über Mitteilungsformen des Films spricht, stellt sich selbstverständlich die Frage, ob denn die ‚Aussage', die gewollt war, ob die Bedeutung einer Bildfolge auch in dem vom Regisseur intendierten Sinn vom Publikum gedeutet wird.

Die (emotionale) Wirkung seiner Komposition des „Streik"-Finale stellte sich Eisenstein sehr eindeutig vor: „‚Man ging mit den Menschen wie mit Vieh um'. Das Blut und die Grausamkeit des Schlachthofs brachte das Ende des Films in völlig thematischer Weise zum Ausdruck. Es kam ein wirklich unheimlicher Eindruck heraus."[9] Die Reaktionen der Arbeiter im Simonowskij-Bezirk, aus deren eher ländlicher, produktions- und wirtschaftsbezogener Sichtweise weniger „Assoziationen an Tod und Blut als vielmehr an Rindfleisch und Koteletts" geweckt wurden, widersprechen Eisensteins Mitteilungsabsicht diametral. Woran liegt das? Neben den bereits erwähnten Problemen der zu geringen Eindeutigkeit von Bildmetaphern und ihrer Abhängigkeit von ihrer konventionellen Benutzung kommt, wenngleich im Moment des Konventionellen enthalten, hier ausdrücklich die besondere Rolle des Rezipienten ins Spiel: Auch die Erfahrungen des Zuschauers spielen als Kontext des Films eine Rolle; die der Simonovska-Arbeiter war als Kontext verständlicherweise „für das tragische Finale unerheblich!", weshalb es von ihnen im Sinne des Films mißverstanden wurde.

Es wird also an Hand systematischerer Entwicklung der Fragen notwendig sein, zu klären, welche Voraussetzungen auch und gerade für eine Filmsprache not-

[6] S. u. S. 26.
[7] Der Film kann gewöhnlich über die Landesbildstellen oder den Atlas-Schmalfilm-Verleih bezogen werden.
[8] Vgl. im „Streik"-Protokoll ab E 100 (Die Vorbereitung) in: *S.M. Eisenstein:* Schriften, hrsg. v. *H.J. Schlegel,* Bd. 1: Streik. München 1974 = Reihe Hanser 158, S. 79–82.
[9] S. u. S. 23.

wendig sind, um die Eindeutigkeit ihrer Aussagen zu sichern und wie weit das überhaupt möglich ist.

1.6. Der ‚Kontext', in dem Eisensteins Filme zu sehen sind und in dem sie auch aktuell gesehen wurden, übersteigt den der konkreten Erfahrungen der Simonovska-Arbeiter, um sie allerdings darin aufzuheben: in der gemeinsamen Erfahrung der gerade erst erkämpften sozialistischen Gesellschaftsordnung.

Eisenstein behauptet nun, daß die „Frage des Ausdrucks durch die Montage [. . .] eine bestimmte Gesellschaftsordnung und eine bestimmte Denkweise voraus[setzt]"[10], m. a. W., daß die Artikulationsweise eines Films auch unmittelbarer Ausdruck der Gesellschaftsordnung ist, in der er entstanden ist und für die er gedreht wurde.

Zum Beweis für seine Behauptung stellt Eisenstein zwei Montageprinzipien gegenüber: (1) „die Methode der klassischen Griffithschen Montagefilme", die „wie ein Splitter von jener Gesellschaftsordnung, die er [Griffith] täglich vor Augen hatte", wirkte oder wie „ein Spiegelbild seiner dualistischen Auffassung von der Welt" und (2) sein eigenes Prinzip der Kontrast-Montage als „Ausdruck eines bestimmten, neuen (sozialistischen) Stadiums der menschlichen Gesellschaft"[11]. Mit dieser Fragestellung ist die Ebene bloßer ‚syntaktischer' oder ‚metaphorischer' Verknüpfungen von Bildern oder Einstellungen, ihr ‚In-Beziehung-Setzen' im „Montage-Tropus", wie Eisenstein sagt, bereits überstiegen: Zwar konnte die Kontrast-Montage noch als sprachliche Einheit für sich gewertet werden, z. B. als Metapher, die Parallel-Montage dagegen ist bei Griffith und bei Eisenstein (und ist es bis heute) ein Mittel der Handlungsführung im Film, der ‚Erzählweise', eine Strukturierung des filmischen ‚Textes'. Die Verwendung der filmischen Metapher z. B. erweist sich im Kontext der Filmerzählung als stilistisches Mittel; über ihre mögliche Funktion als Sprachfigur in einer u. U. parallel geführten Erzählstruktur hinaus, kann sie zum Strukturierungsprinzip einer ganzen Sequenz werden, wie das Eisenstein am „Streik"-Finale vorgeführt hat: hier wurde die ganze Sequenz zur Metapher, oder, wie Eisenstein sagt, zum „Filmsymbol". Deshalb ist es richtig, wenn Eisenstein betont, daß sein Montageverfahren „der Parallelmontage eine neue Qualität, ein neues Gebiet [erschlossen habe]: wir erhoben sie aus der Sphäre der Handlung in die Sphäre des Gedanklichen."

Anders als die bloßen Filmmetaphern, wie die Opposition von Menschewiken und Harfe z. B.[12], zeigt gerade das „Streik"-Finale, daß nicht die Aufhebung der Anschaulichkeit von filmischer Handlung im ‚Begriff' und nur noch intellektuell erfahrbarer Bedeutung gemeint sein kann, sondern eine ganz bestimmte Artikulationsweise für die Sprachverwendung mit filmischen Mitteln angestrebt wurde: filmsprachliches Handeln.

An einer Stelle weist Eisenstein noch einmal darauf hin, was ihm – formal – als das Wesentliche seines Montageprinzips erschien:

[10] S. u. S. 25.
[11] S. u. S. 25.
[12] Vgl. *S. M. Eisenstein:* Schriften, Bd. 3: Oktober. München 1975 = Reihe Hanser 184, S. 75 und 121–122.

„Von jetzt ab war die Montage nicht mehr nur ein Mittel zur Erzeugung von Effekten, sondern vor allem ein Mittel *zu sprechen,* ein Mittel, durch die besondere Art der *filmischen Sprache* und des *filmischen Ausdrucks* Gedanken *darzulegen.*"

Insbesondere für ein praxisorientiertes Interesse an der Entstehung der Filmsprache folgt, daß Eisenstein zumindest in seinen frühen Filmen die Filmsprache weniger als filmische Fortsetzung literarischer Erzählweisen gesehen hat, sondern Film als „ein Mittel zu sprechen" gefordert und benutzt hat. Dann nämlich ist es nicht mehr eine Stilfrage, sondern eine grundsätzliche Entscheidung, ob der Film die Widergabe einer Handlung oder als dessen filmsprachliche Artikulation Teil des gesellschaftlichen Handelns sein soll.

1.1. Jan-Marie Peters: Die Struktur der Filmsprache

Die ersten Streifen der Filmgeschichte haben noch keine eigentliche Filmsprache entwickelt. Solange ein Film nur aus einer Aufnahme besteht – die freilich einige Minuten andauern kann –, zeigt er noch keinen Sprachcharakter im eigentlichen Sinne, abgesehen von der [...] Tatsache, daß die Vorführung dieser Aufnahme eine *Mitteilung* ist. Diese ersten Filme enthielten eine Menge von Mitteilungen, aber es waren noch keine Mitteilungen in Filmsprache. Die Filmbilder waren lediglich *Abbildungen von Mitteilungen in anderen Medien.* Die Hersteller der Filme beschränkten sich auf die Dokumentation von Äußerungen in auch außerhalb des Films verwendeten Sprachen. Wie das Morsesystem keine selbständige Sprache darstellt, sondern nur eine Codierung der Wortsprache, so ist auch eine auf Zelluloid fixierte Mitteilung in Wort- oder Gebärdensprache immer noch Wort- oder Gebärden-, aber keine Filmsprache. Das gilt bis in die Gegenwart. In den meisten heutigen Filmen ist noch immer ein großer Teil der Mitteilungen des Filmregisseurs nicht in der Filmsprache formuliert. Monologe oder Dialoge, Kommentar, Gesichtsausdruck, Körperhaltung und -bewegung, das Auftreten und Benehmen der Schauspieler, Kostüme, Dekor, Musik und allerlei Objekte mit konventionell-symbolischer Bedeutung sind neben der Filmsprache die Träger der Mitteilungen des Regisseurs.

Aber wenige Jahre nach der Erfindung des Films wird auch die *Montage* von zwei oder mehr Aufnahmen erfunden – und damit beginnt die eigene Sprache des Films. Denn: sobald in der Zusammenfügung von zwei oder mehr Bildern etwas zum Ausdruck kommt, was in den einzelnen Bildern nicht enthalten ist, „spricht" der Filmregisseur (oder derjenige, der für die Montage verantwortlich ist) durch die *Form* der Bilderkombination. Man beschränkte sich anfangs auf die allereinfachsten Formen filmischer „Satzbildung" wie die Aufeinanderfolge, die Ursache und Wirkung –, Subjekt – Objekt –, Ganzes – und Teile – Relationen. Der Kontext mußte jeweils entscheiden, von welcher Art die Beziehung zwischen den Bildinhalten war. Erst später – bei Griffith und den Regisseuren der russischen Avantgarde – entwickelte sich die Subtilität des filmischen „Satzbaues".

Vorläufig genügten die einfachen Montageverfahren für die Wiedergabe eines Geschehens, das sich nicht an *einem* festen Ort abspielte und das man nicht in *einer* Aufnahme festlegen konnte. Griffith und seine Nachfolger gehen einen

Schritt weiter: denn sie wollen etwas *erzählen.* Im Gegensatz zur Wiedergabe oder Registratur eines Geschehens setzt eine Erzählung die Darstellung von Zusammenhängen voraus, über die das Geschehen selbst keine Auskunft gibt. In einer Erzählung müssen ferner die wichtigsten Stellen des Geschehens und die Ordnung der Teile betont werden. Die Abwechslung von Totalen mit Großaufnahmen, die „Découpage" einer Szene, um die darin wiedergegebene Handlung durch eine andere zu unterbrechen, und die Anwendung filmischer Interpunktionsmittel – wie die Überblendung – ergeben allmählich eine Reihe völlig neuer Formen filmischer Mitteilungen.

Bevor sich in der Montage, also im filmischen „Satzbau", eine größere Subtilität entwickelte, hat es schon viele Möglichkeiten gegeben um den Ausdruck mittels der *Bildkomposition* zu verfeinern. Unter „Bildkomposition" verstehen wir hier die Anordnung aller Details innerhalb des vom Bildrahmen begrenzten Sichtbaren, also die Gruppierung von Menschen und Dingen in Ruhe oder Bewegung, die Verteilung von Licht und Dunkel (und später von Farben), der Verlauf der Bewegungen der Objekte im Bilde, die Wirkung der waagerechten, senkrechten und in die Tiefe gehenden Linien, und – später – das Verhältnis der visuellen zu den auditiven Bildkomponenten. Zur Bildkomposition gehört die Zeitdauer des Bildes, die Schärfe, Unschärfe oder die Deformation des Sichtbaren durch das Objektiv, die Einrahmung des Sichtbaren durch spezielle „Masken" und die dadurch ermöglichte Spaltung des Bildes in zwei Bildhälften.

Es versteht sich, daß andere Künste den Filmregisseuren hierbei zunächst als Vorbild gedient haben. Gruppierung von Personen und Objekten im Bildraum zum Beispiel ist eine Mitteilungsweise, deren sich auch der Theaterregisseur und der naturalistische Maler bedienten und bedienen. Stellt man eine Person in den Vordergrund, eine andere in den Mittel- und eine dritte in den Hintergrund, so gibt man damit im allgemeinen zu erkennen, daß die erste Person in *dieser* Szene eine besonders wichtige Rolle spielt.

Sicher ist die *Bewegung* von Menschen und Dingen im Bild das wichtigste bildkompositorische Mitteilungsmittel des Films, wenn es auch schwierig ist, mit Worten zu sagen, was der Sinn einer bestimmten Bewegung ist. Das Näherkommen eines Objekts kann drohend wirken, das Sichentfernen entspannend. Eine langsame Bewegung einer Person wird manchmal als erregend, manchmal als befreiend erfahren. Auch dieses Mittel ist nicht rein filmisch. Die Tanzkunst und das Theater haben die Sprache der Bewegung schon in frühesten Zeiten entwikkelt. Das Filmbild jedoch kann Bewegungen auffallender und damit wirksamer machen. Im Grunde hat jede Bewegung einen Sinn; jede Bewegung „sagt" dem Zuschauer etwas. Aber es ist nicht leicht, diesen Sinn eindeutig zu interpretieren, denn die Sprache der Bewegung ist eine Gefühlsprache. Emotionelle Bedeutungen aber lassen sich immer nur schwer übersetzen in die logischen Kategorien der Wortsprache. Wir *fühlen* ihren Sinn, ohne ihm sprachlichen Ausdruck verleihen zu können.

Wer sich in der Filmgeschichte auskennt, weiß, daß alle diese Mitteilungsmöglichkeiten der Bildkomposition teilweise wieder vernachlässigt wurden, als der Tonfilm seinen Einzug hielt. Auch Töne können im Film selbständiges Kommunikationsmittel sein. Worte, Musik, Naturgeräusche haben ihren eigenen Sinn, woran die Tatsache, daß wir sie nicht in natura, sondern nur im Film hören, oft nichts ändert. Vor allem das gesprochene Wort spielte in der ersten Periode des Tonfilms eine beherrschende Rolle, und zwar auf Kosten der filmischen Mitteilungsmittel. Sobald der Filmregisseur eine echt filmische Mitteilungsweise anstrebt, muß er auch den Ton als bildkompositorischen Faktor einsetzen – und als nicht mehr. Zum Beispiel: entsprechende musikalische Untermalung einer Szene, in der ein Ehepaar im Gespräch gezeigt wird, kann dem Zuschauer deutlich machen, daß in den beiden Gesprächspartnern etwas ganz anderes vorgeht, als sie es mit ihren Worten sagen.

1.2. Wsewolod I. Pudowkin: Über die Filmtechnik (Der Kuleschow-Effekt)

Aber die zufällige Begegnung mit einem jungen Maler und Filmtheoretiker – Kuleschow – ließ mich meine Ansichten vollständig ändern. Von ihm erfuhr ich

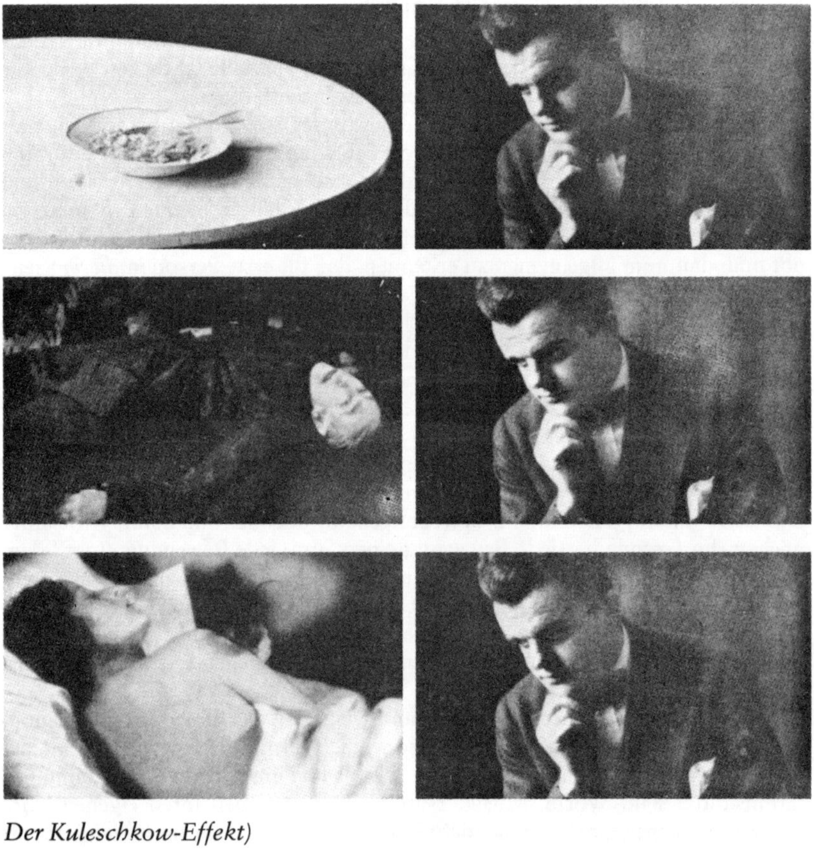

Der Kuleschkow-Effekt)

erstmals die Bedeutung des Wortes „Montage“, eines Begriffs, der in der Entwicklung unserer Filmkunst eine so bedeutende Rolle spielen sollte.

Aus der Gegenwart betrachtet, waren Kuleschows Ideen sehr einfach. Er sagte: „In jeder Kunst gibt es erstens ein Material, einen Rohstoff, und zweitens eine dieser Kunst eigene Methode der Komposition dieses Materials. Der Rohstoff des Musikers sind die Töne; er komponiert sie in der Zeit. Der Rohstoff des Malers sind die Farben, und er komponiert sie im Raum auf der Leinwand. Aus was besteht nun das Material des Filmregisseurs, und welche Methoden gibt es zu seiner Komposition?“

Kuleschow war der Meinung, daß der Rohstoff der Filmarbeit aus Filmstücken und die Kompositionsmethode aus ihrer Zusammensetzung in einer bestimmten, schöpferisch entdeckten Reihenfolge bestehe. Er behauptete, daß die Filmkunst nicht mit dem Spiel der Darsteller und dem Aufnehmen der einzelnen Szenen beginne, dies sei erst die Vorbereitung des Materials. Die Filmkunst beginne in jenem Augenblick, wo der Regisseur daran ginge, die verschiedenen Filmstücke zu kombinieren und zusammenzusetzen. Je nachdem er sie in verschiedenen Kombinationen und verschiedener Reihenfolge aneinanderfüge, erhalte er ein anderes Resultat.

Stellen wir uns vor, wir hätten drei solche Stücke. Auf dem einen ein lächelndes Gesicht, auf dem zweiten dasselbe Gesicht, aber angstvoll blickend, und auf dem dritten eine Pistole, die auf jemand gerichtet wird.

Kombinieren wir nun die Stücke in verschiedener Reihenfolge, und nehmen wir an, als erstes würden wir das lächelnde Gesicht, dann die Pistole und dann das angstvolle Gesicht zeigen; das zweite Mal käme das angstvolle Gesicht zuerst, dann die Pistole und zuletzt das lächelnde Gesicht. Die erste Reihenfolge würde den Eindruck ergeben, daß derjenige, dem das Gesicht gehört, ein Feigling ist, in der zweiten Reihenfolge wäre er mutig. Gewiß, das Beispiel ist primitiv; in neuen Filmen sehen wir jedoch in verfeinerter Form, daß nur eine gute, schöpferische Komposition der Aufnahmestücke einen wirklich starken Eindruck auf den Zuschauer auszuüben vermag.

Kuleschow machte mit mir zusammen einen interessanten Versuch. Wir entnahmen irgendeinem Film verschiedene Großaufnahmen des bekannten russischen Schauspielers Mosjukhin. Wir wählten Aufnahmen, die keinen besonderen Ausdruck hatten, Großaufnahmen des unbewegten, ruhigen Antlitzes. Diese Aufnahmen, die einander sehr ähnlich waren, montierten wir mit anderen Filmstücken in drei verschiedenen Kombinationen. In der ersten Kombination folgte auf die Großaufnahme des Schauspielers die Aufnahme eines Tellers Suppe auf einem Tisch. Ganz offensichtlich schaute Mosjukhin die Suppe an. In der zweiten Kombination wurden dem Bild Mosjukhins die Aufnahme eines Sargs mit der Leiche einer Frau beigefügt; in der dritten folgte auf die Großaufnahme die Aufnahme eines kleinen Mädchens, das mit einem Teddybär spielt. Als wir die drei Kombinationen dem Publikum, dem wir unser Geheimnis nicht verraten hatten, vorführten, war die Wirkung ungeheuer. Das Publikum war von der schauspielerischen Leistung Mosjukhins hingerissen. Man wies auf die tiefe Nachdenklichkeit seiner Stimmung über der vergessenen Suppe hin, man war gerührt und bewegt über die Trauer seines Antlitzes angesichts der Toten und bewunderte das sanfte, glückliche Lächeln, mit dem er dem spielenden Mädchen zuschaute. Nur wir wußten, daß in allen Fällen der Gesichtsausdruck der nämliche gewesen war.

Die Kombination verschiedener Stücke in der einen oder andern Reihenfolge genügt jedoch nicht. Die Länge dieser Stücke muß genau kontrolliert und besonders gehandhabt werden, denn die Zusammenstellung von Stücken von bestimmter, ungleicher Länge ist in derselben Weise wirkungsvoll wie die Zusammenstellung von verschiedenen Tonlängen in der Musik; sie bilden den Rhythmus des Films und üben so auf den Zuschauer eine bestimmte Wirkung aus. Rasch aufeinanderfolgende, kurze Stücke haben eine erregende, lange Stücke dagegen eine beruhigende Wirkung.

1.3. Sergej Eisenstein: Dialektische Theorie des Films

Bildausschnitt und Montage sind die Grundelemente des Films.

Montage

Der Sowjet-Film hat sie zum Kernelement des Films gemacht.

Das Wesen der Montage zu bestimmen hieße das Problem Film, als solches, zu lösen. – Die alten Filmmacher, so auch der theoretisch ganz veraltete Leo Kuleschow, betrachteten die Montage als ein Mittel, dem Zuschauer durch eine Art der Schilderung etwas beizubringen, die einzelne Bildausschnitte wie Bausteine aneinanderfügt. – Die Bewegung im Bildausschnitt und die konsequente Länge der Stücke soll dabei als Rhythmus betrachtet werden.

Grundweg falsche Auffassung!

Das hieße eine Gegebenheit ausschließlich nach der [Art] ihres äußeren Ablaufs bestimmen, das mechanische Aneinanderkleben der Stücke als Prinzip betrachten. – Solch ein Längenverhältnis dürfen wir nicht als Rhythmus bezeichnen. – Es entstände so eine Metrik, [die] dem Rhythmus als solchem ebenso entgegengesetzt [wäre] wie das mechanistisch-metrische Mensendick-System der organisch-rhythmischen Bode-Schule im Falle des Körperausdrucks entgegensteht. – Nach dieser Bezeichnung (die auch Pudowkin als Theoretiker teilt) ist die Montage das Mittel, den Gedanken durch aufgenommene Einzelstücke *abzurollen* („Episches Prinzip“).

Meiner Ansicht nach ist aber Montage nicht ein aus aufeinanderfolgenden Stücken zusammengesetzter Gedanke, sondern ein Gedanke, der im Zusammenprall zweier voneinander unabhängiger Stücke e n t s t e h t („Dramatisches Prinzip“).

(„Episch“ und „dramatisch“ in bezug auf die *Methodik der Form* und nicht auf *Inhalt* oder *Handlung*!!)

Wie in der japanischen Hieroglyphik, wo zwei selbständige ideographische Zeichen (Bildausschnitte), nebeneinandergestellt, zu einem neuen Begriff *explodieren.*

So: Auge + Wasser = weinen
Tür + Ohr = lauschen
Kind + Mund = schreien
Mund + Hund = bellen
Mund + Vogel = singen
Messer + Herz = Kummer, usw.
(Abel Rémusat, *Recherches sur l'origine de la formation de l'écriture chinoise*)

Sophismus? – Keinesfalls.

Denn hier [wird] versucht, das ganze Wesen, den prinzipiellen Stil und die Gesinnung des Films aus seiner technisch [-optischen] Grundlage abzuleiten. – Wir wissen, daß das Bewegungs-Phänomen des Films darin liegt, daß zwei unbewegliche Bilder eines bewegten Körpers in aufeinanderfolgender Position bei schnellem Nacheinanderzeigen in Bewegung verschmelzen. – Die vulgäre Bezeichnung dessen, was geschieht, *Verschmelzung*, hat auch zu der oben erwähnten vulgären Auffassung [von] Montage geführt. Bezeichnen wir den Verlauf des erwähnten Phänomens genauer, wie es wirklich ist und ziehen wir Schlüsse daraus.

Zwei nebeneinandergereihte Unbeweglichkeiten ergeben das Entstehen eines Begriffs von Bewegtheit.

Stimmt das? Bildlich-phraseologisch ja.

Mechanisch aber ist es nicht so.

Denn faktisch wird jedes folgende Element nicht *neben*einander, sondern *auf*einander gereiht.

Denn: Der Bewegungs-Begriff (Empfindung) entsteht im Prozeß der Superposition des behaltenen Eindrucks der ersten Position des Objekts und der [zweiten], sichtbar werdenden Position des Objekts. – So entsteht auch andererseits das Phänomen der Raumtiefe als optische Superposition zweier Flächen im stereoskopischen Falle.

Aus der Superposition zweier Größen desselben Maßes entsteht überhaupt eine neue, höhere Dimension. – So ergibt hier die Superposition zweier nicht identischer Zweidimensionalitäten das Phänomen der stereoskopen Dreidimensionalität. – Auf [einem] anderen Gebiet: Konkretes Wort [Bezeichnung] an konkretes Wort gereiht, ergibt abstrakten Begriff, wie im Japanischen (s. o.) materielles Bildzeichen, an materielles Bildzeichen gereiht, die transzendentale Resultante (Begriff) erzeugt.

Das konturelle Nicht-Übereinstimmen des im Gedächtnis eingeprägten ersten Bildes und des dann wahrzunehmenden zweiten Bildes – der Konflikt beider – [bringt] die Bewegungs-Empfindung, den Begriff des Ablaufs einer Bewegung [hervor]. – Der Grad der Nichtübereinstimmung bedingt die Eindrucks-Intensität, bedingt die Spannung, die zum Element des eigentlichen Rhythmus, im Zusammenhang mit dem Nachfolgenden wird.

Hier haben wir im Zeitlichen das, was wir räumlich auf der graphischen oder bemalten Fläche entstehen sehen.

Worin besteht der dynamische Effekt eines Bildes?

Das Auge verfolgt die Richtung eines Elements. Behält den visuellen Eindruck, der sodann zusammenprallt mit der Verfolgung der Richtung des zweiten Elements. Der Konflikt dieser Richtungen bildet den dynamischen Effekt in der Wahrnehmung des Ganzen. [. . .]

Visueller Kontrapunkt

Dieser Begriff ermöglicht [es], auf den Film angewandt, verschiedene Richtlinien zum Problem einer Art Film-Grammatik anzudeuten.

Ebenso eine *Syntax* der Filmäußerungen, in der der visuelle Kontrapunkt ein ganz neues System der Äußerungsformen zur Folge haben kann. (Versuche in dieser Richtung werden weiter durch Bruchstücke meiner Filme erläutert.)

Zu all diesem:

Grundvoraussetzung:

Bildausschnitt ist nicht Montage-Element.

Bildausschnitt ist Montage-Zelle (Molekül).

In diesem Satze die Sprengung der dualistischen Entzweiung in der Analyse:

Von: Titel und Bildausschnitt

und: Bildausschnitt und Montage.

Statt dessen werden sie dialektisch betrachtet als drei verschiedene Formungsphasen einer einheitlichen Ausdrucks-Aufgabe.

Mit einheitlichen Merkmalen, die die Einheitlichkeit ihrer Aufbau-Gesetze bestimmen.

Zusammenhang der drei:

Konflikt innerhalb einer These (abstrakter Gedanke):

Formuliert sich in der Dialektik des *Titels*

Formt sich räumlich im Innen-Konflikt des Bildausschnitts und

Explodiert bei steigender Intensität in der zwischenbildausschnittlichen Konflikt-*Montage.*

[Dies geschieht] in voller Analogie zum menschlich-psychologischen Ausdruck. Dieser ist Konflikt der Motive. [Er ist] gleichfalls in drei Phasen denkbar:

1. Rein wörtliche Äußerung. Ohne Intonation: Sprachlicher Ausdruck.
2. Gestikulativer (mimisch-intentionaler) Ausdruck. Projektion des Konflikts auf das ganze äußerungsfähige System des Menschen.
3. Projektion des Konflikts ins Räumliche. Bei steigender Intensität der Motive wird das Zick-Zack des mimischen Ausdrucks in derselben Verzerrungs-Formel in den umgebenden Raum geschleudert. Ausdruck Zick-Zack: entstehend durch die Raumgliederung der sich im Raume bewegenden Menschen.

Beispiele von Konflikt-Auffassung:

(Zu bemerken ist, daß sie gleichfalls charakteristisch sind für Innen-Bildausschnittkonflikt wie auch für den zwischenbildlichen: für die Montage.)

1. Graphischer Konflikt
   [Bildbeispiel: Treppe von Odessa, quer dazu liegend ein Körper]
2. Konflikt der Pläne [d.h. der Raumaufteilung]
   [Bildbeispiel: Treppe von Odessa, im Vordergrund Soldaten, im Hintergrund klein deren Opfer]
3. Konflikt der Volumen
   [Bildbeispiel: voluminöser Körper vs. schlanker Körper im Hintergrund]
4. Raum-Konflikt
   [Bildbeispiel: wuchtige Architektur im Vordergrund, Mensch und Architektur im Hintergrund]

5. Beleuchtungs-Konflikt
6. Tempo-Konflikt, usw.
usw.

(N.B. Hier sind sie nach dem Hauptmerkmal, nach der *Dominante* bezeichnet. Selbstverständlich, daß sie meistens als Komplexe auftreten.) – Zum Montage-Übergang genügt es, sich vorzustellen, daß jedes Beispiel sich in zwei selbständige primäre Stücke entzweit:

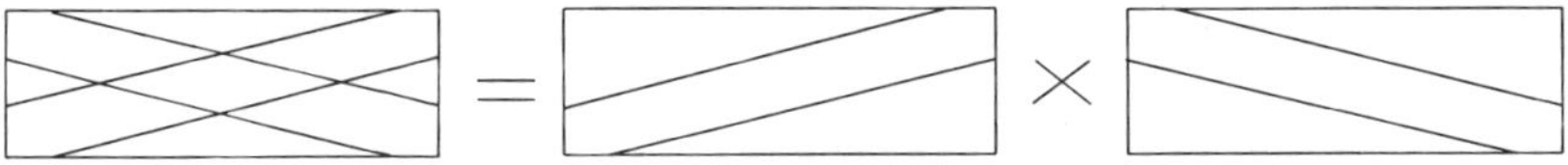

N.B. Graphischer Fall. Ebenso für alle anderen
Weitere Beispiele:

7. Konflikt zwischen Stoff und Ausschnitt (erzielt durch räumliche Verzerrung der Einstellung der Kamera)
[Bildbeispiel: statisch: starre Aufnahme einer Maske von vorn; dynamisch: Aufnahme derselben Maske mit schräger Kamera seitlich]
8. Konflikt zwischen dem Stoff und seiner Räumlichkeit (erzielt durch *optische Verzerrung* mittels des Objektivs)
9. Konflikt zwischen dem Vorgang und seiner Zeitlichkeit (erzielt durch *Zeitlupe* und *Multiplikator*), und schließlich
10. Konflikt zwischen dem ganzen *optischen* Komplex und einer ganz anderen Sphäre.

1.4. Protokoll der „Schlachthof"-Szene des Eisenstein-Films „Streik"

1778 Titel (0,4; –1120,8) SCHLACHTHOF
1779 G (0,1; –1120,9) Eine blutbeschmierte Metzgerhand holt aus.
1780 HT, leicht von oben (1,0; –1121,9) Arbeiter und Frauen rennen und fallen einen Abhang hinunter.
1781 T, leicht von oben (0,5; –1122,4) sie kommen hinter kahlen Wintersträuchern den Abhang herauf.

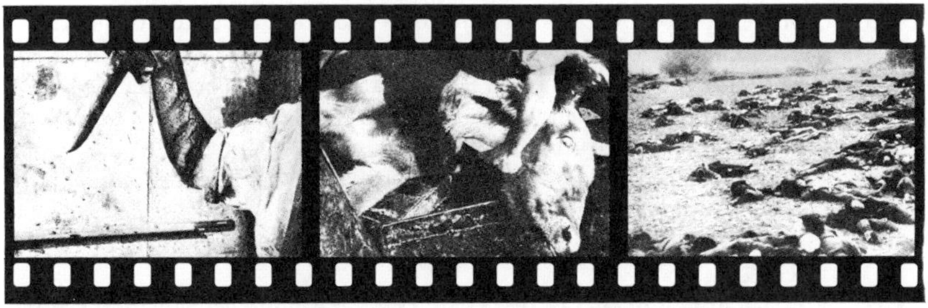

Einstellungen 1784, 1791, 1811

1782 HT (0,4; –1122,8) Sie rennen an der Kamera vorbei den Abhang hinauf.

1783 T, leicht von oben (0,2; –1123,0) wie 1781 Sie rennen den Abhang hinauf; die ersten rennen an der Kamera vorbei.

1784 G (0,05; –1123,05) Die Metzgerhand mit dem Messer holt aus.

1785 N (0,35; –1123,4) Das Messer fährt ins Genick eines Rindes.

1786 AM, leicht von oben (0,3; –1123,7) das Rind knickt zusammen.

1787 G, von unten (0,4; –1124,1) Halt suchende Hände.

1788 AM, leicht von oben (0,4; –1124,5) Im Schlachthof. Ein Metzger mit einer großen Schürze kommt auf die Kamera zu.

1789 G, von unten (0,3; –1125,8) die Hände.

1790 T, leicht von oben (0,4; –1126,2) Soldaten durchkämmen den Wald.

1791 N, von oben (0,4; –1126,2) der Hals des Rinds wird aufgeschlitzt.

1792 HT, von oben (0,4; –1127,0) Die Soldaten, leicht von hinten, durch kahle Äste hindurch; sie fangen an zu schießen.

1793 N, von oben (0,6; –1127,6) wie 1791 Blut fließt aus dem aufgeschlitzten Hals.

1794 HN, leicht von oben (0,4; –1128,0) Der Kopf des Rinds wird nach hinten gedreht; noch einmal wird ein Messer in den Hals gerammt.

1795 HT, von oben (0,5; –1128,5) wie 1792 vorrückende Soldaten, sie schießen.

1796 T, leicht von oben (0,5; –1129,0) die Soldaten knien in Formation und schießen.

1797 T, leicht von unten (0,5; –1129,5) die Fliehenden überrennen einen Zaun.

1798 T, leicht von oben (0,5; –1130,0) die Arbeiter hetzen die Böschung zum nahen Fluß hinunter; seitlich zur Kamera.

1799 T (0,5; –1130,5) Die Arbeiter laufen, von der Kamera weg, die Flußböschung hinunter.

1800 HT (0,4; –1130,9) Niederkniende Soldaten. Sie laden durch und schießen.

1801 T (0,2; –1121,1) wie 1799 sie rennen.

1802 Titel (0,4; –1131,5) ZERSCHLAGUNG

1803 HT (0,4; –1131,9) Hinter Büschen kommen Soldaten herauf.

1804 T (0,6; –1132,5) wie 1799 im Hintergrund die fliehenden Arbeiter; vorne kreuzen die in Reihe marschierenden Soldaten das Bild.

1805 HT, leicht von oben (0,3; –1132,8) wie 1780 Männer und Frauen fliehen den Abhang hinunter.

1806 N, von oben (0,3; –1133,1) wie 1791 der Hals des Rindes wird weiter aufgeschlitzt, Blut fließt heraus.

1807 AM, leicht von oben (0,4; –1133,5) die zuckenden Beine des Rindes.

1808 G, leicht von oben (1,0; –1134,5) die Hand des Metzgers schlitzt alle Adern im Hals auf; Blut strömt.

1809 T, leicht von oben (1,0; –1135,5) die niedergemetzelten Arbeiter und Arbeiterinnen. Überblendung (0,5).
1810 AM, leicht von oben (0,4; –1135,9) auf die Beine der in Reih und Glied marschierenden Soldaten.
1811 T, leicht von oben (3,3; –1139,2) Schwenk über die niedergemetzelten Arbeiter. Abblende (0,4).
1812 GG (0,2; –1139,4) Zwei Augen schauen in die Kamera. Die Stirn legt sich in Falten. Ernst, entschlossen, mit Trauer.
1813 Titel (4,1; –1143,5) UND ALS BLUTIG UNAUSLÖSCHBARE NARBEN BLIEBEN AUF DEM KÖRPER DES PROLETARIATS DIE WUNDEN VON DER LENA, VOM TALKI-PASS, VON ZLATOUST, JAROSLAVL', CARICYN UND KOSTROMA.
1814 GG (0,2; –1143,7) Die beiden Augen schauen durchdringend in die Kamera.
1815 Titel (0,2; –1143,9) DENKT DARAN
1816 Titel (0,3; –1144,2) PROLETARIER
[ENDE]

1.5. Sergej Eisenstein: Zur Komposition des ‚Streik'-Finale

Ich führe ein „eigennütziges" Beispiel an. In meinem ersten Film ‚Streik' wollte ich das Entsetzen des Finales bis auf seinen Höhepunkt treiben. Die schrecklichste Darstellung von Blut ist das Blut selbst. Die schrecklichste Darstellung des Todes – der Tod. Das ist natürlich schon ein gewisser Sprung über die Grenzen der Kunstmittel hinaus. Aber wir hatten es mit einem pathetischen Ereignis zu tun – mit einem niedergeschlagenen Streik und einem Massenblutbad. Ich führte nun mit Hilfe eines Montageumschnitts in das gespielte Blutbad Filmstücke mit echtem Blut und Tod ein. Den Schlachthof. „Man ging mit den Menschen wie mit Vieh um." Das Blut und die Grausamkeit des Schlachthofs brachte das Ende des Filmes in völlig thematischer Weise zum Ausdruck. Es kam ein wirklich unheimlicher Eindruck heraus. Viele konnten nur unter Krämpfen auf die Leinwand schauen. Bei der Premiere (1924) war der Effekt des Filmschlusses ausgesprochen stark. Dann brachten wir den ‚Streik' in den Simonovskij-Bezirk, wo wir ihn teilweise auch aufgenommen hatten. Alles verlief wunderbar. Der Film kam ausgezeichnet an, mit einer Ausnahme – der des Finales. Gerade das zum Entsetzen erstarrte Blut des Finales kam nicht an.

Ich war über diesen Reinfall verblüfft, bis ich mir klarmachte, daß ein ‚Schlachthof' keinesfalls nur als poetische Verallgemeinerung, als Metapher rezipiert werden mußte. Der Schlachthof kann auch als ein Ort rezipiert werden, wo Lebensmittel, Fleisch zubereitet werden. Obwohl die ‚Simonovka' ein Arbeiterbezirk war, so hatte sie sich doch noch einen vorstädtisch-landwirtschaftlichen Charakter bewahrt. Das Abschlachten eines Schweinchens oder Kälbchens war eine ganz normale Sache. Zudem lag auch der Schlachthof selbst ganz in der Nähe von dieser Vorstadt. Die Ströme von Blut und das Zusammenzucken der Lebewesen unter dem Messer des Schlächters, die dem Filmpublikum im Stadtzentrum eisige

Schauer über den Rücken jagen, wurden im Außenbezirk in produktions- und wirtschaftsbezogener Weise rezipiert. Das Betrachten dieser Filmstücke weckte weniger Assoziationen an Tod und Blut, als vielmehr an Rindfleisch und Koteletts. Der Kontext war – ich spreche es offen aus – für das tragische Finale unerheblich!

1.6. Sergej Eisenstein: Dickens, Griffith und Wir (Montage und Gesellschaftsordnung)

Das montagegerechte Denken ist nicht zu trennen von den allgemein-ideellen Grundlagen des Denkens überhaupt.

Die Gesellschaftsordnung, die sich in den Konzeptionen der Griffithschen Montage widerspiegelt, ist die bürgerliche Gesellschaft. Und in der Tat: sie ähnelt der Dickensschen „wohldurchwachsenen Speckseite", nur daß sie nicht, wie bei Dickens, zum humorvollen Vergleich, sondern in bitterer Wirklichkeit aus den zwei unversöhnlichen Schichten des „Roten" und „Weißen" zusammengesetzt ist: aus den Reichen und den Armen. (Das ist das beständige Thema in den Romanen Dickens', der über diese grobe Einteilung gar nicht hinauskommt. Und so hat denn seine „Little Dorrit" auch zwei große Teile, die überschrieben sind: „Armut" und „Reichtum".) Und mit der Vorstellung von dieser Gesellschaft, die als *bloße Gegenüberstellung der Besitzenden und Nichtbesitzenden* verstanden wurde, verband sich in Griffith's Bewußtsein nicht mehr das Bild vom kurvenreichen Verlauf zweier paralleler Linien.

Demzufolge spiegelte sich in seinem Bewußtsein auch die einzige Beziehung zwischen diesen beiden für ewig voneinander getrennten Linien wider, und diese Beziehung heißt schonungsloser Kampf. Es ist die Beziehung grimmiger Feinde, die sich gegenseitig mit verkrampfter Grimasse an die Kehle gehen oder im Duell mit Säbeln durchbohren. Hier liegen gleichsam die Wurzeln der Methode, mit zwei sich überschneidenden Themen zu arbeiten, die sich in ihrer Entwicklung gegenseitig antreiben und verfolgen bis zum schlimmen, unglücklichen Ende. Das konnte auch Griffith nicht verborgen bleiben, und um diesen Vorwurf von sich abzuwenden, hängt er ein oft mit aller Gewalt herbeigezogenes Happy-End an seine Filme an!

So wirkt die Methode der klassischen Griffithschen Montagefilme wie ein Splitter von jener Gesellschaftsordnung, die er täglich vor Augen hatte.

Griffith ist in erster Linie der erhabene Meister des Auffälligsten auf diesem Gebiet, nämlich der *Parallelmontage.* Griffith ist vor allem ein Großmeister jenes Montageaufbaus, der mit einer geradlinigen Beschleunigung und *Zunahme des Tempos* verbunden ist (vorwiegend in den oben erwähnten Formen der Parallelmontage).

Seine Schule ist daher vornehmlich eine Schule des *Tempos* und nicht des *Rhythmus.*

Sich im Hinblick auf Ausdrucksstärke und unerbittliche Wirkung des Rhythmus, dessen Aufgaben unendlich viel weiter reichen als die Aufgaben und Möglichkeiten des Tempos, mit der jungen sowjetischen Montageschule zu messen, überstieg Griffith's Kräfte.

Und eben dieser *stahlharte Rhythmus* war es, der zum Unterschied zu den Effekten des *Tempos* unsere ersten sowjetischen Filme in Amerika auffallen ließ.
[. . .]

Ein anderes Bewußtsein, eine andere Methode des Denkens bedingt auch eine andere Auslegung der Erscheinungen und schließlich eine andere Konzeption der Methoden in der Kunst.

Und so ist es ganz natürlich, daß Griffith's Konzeption der Montage wie ein Spiegelbild seiner dualistischen Auffassung von der Welt wirkt, einer Welt nämlich, die in den zwei parallelen Linien der Armen und der Reichen zu einer nebelhaften, hypothetischen „Versöhnung" gelangt, sobald . . . sich die parallelen Linien treffen, das heißt in der Unendlichkeit, die genauso unerreichbar ist wie die verheißene „Versöhnung" selbst.

Nicht weniger natürlich ist es, daß unsere Konzeption der Montage vollkommen anders sein mußte, weil unsere Sicht der Erscheinungen in einer monistischen und dialektischen Weltanschauung wurzelt.

Uns mußte sich der Mikrokosmos der Montage als das Bild einer Einheit darstellen, die sich unter dem inneren Druck der Widersprüche spaltet, um sich wieder zu einer neuen, qualitativ höheren, bildlich ganz neu und bis in alle Details begriffenen Einheit auf neuer Ebene zu verbinden.

Zwischen der Montagekonzeption von Griffith und der der sowjetischen Filmkunst besteht ein grundsätzlicher Unterschied. [. . .]

Denn nur eine neue soziale Ordnung, die die Kunst für alle Zeiten von allen nur-kommerziellen Aufgaben befreit hatte, konnte das, wovon die fortschrittlichen Amerikaner nur träumten, lebendige Wirklichkeit werden lassen!

Gleichzeitig erhielt auch die Technik der Montage einen völlig neuen Sinn.

Dem amerikanischen Parallelismus und der Aufeinanderfolge von Großaufnahmen stellt unser Film ihre Einheit in der Verschmelzung gegenüber: den Montage-Tropus!

Wir wissen aus der Philologie, daß man unter einem Tropus die Verwendung der eigentlichen, ursprünglichen Bedeutung eines Wortes zur bildlichen Darstellungsweise versteht, wie es zum Beispiel in dem Ausdruck „*scharfer* Verstand" geschieht; denn seiner eigentlichen Bedeutung nach gehört das Wort „scharf" in eine andere Sphäre (etwa: das *scharfe* Schwert).

Diese Art des Montageaufbaus kennt der Griffithsche Film nicht. Seine Großaufnahmen schaffen Atmosphäre; sie charakterisieren die handelnden Personen; sie zeigen abwechselnd die Helden im Dialog; und während der Verfolgungsjagden steigern sie das Tempo. Doch Griffith bleibt überall beim nur *Darstellenden und Gegenständlichen* stehen und bemüht sich nirgends, durch *Gegenüberstellung* der Bildausschnitte zum *inneren* Sinn und zum *Bildlichen* vorzudringen.
[. . .]

Die Frage des Ausdrucks durch die Montage setzt eine bestimmte Gesellschaftsordnung und eine bestimmte Denkweise voraus; sie kann nur gelöst werden und ist gelöst worden einzig durch ein kollektives Bewußtsein, das Ausdruck eines bestimmten, neuen (sozialistischen) Stadiums der menschlichen Gesellschaft und Ergebnis der ideologischen und philosophischen Erziehung zu einer fest mit der sozialen Ordnung dieser Gesellschaft verbundenen neuen Denkweise ist.

Unsere *ideologisch scharf profilierte und intellektuelle Epoche* mußte im

Bildausschnitt in erster Linie seine Eigenschaft als *ideologisches Inschrift-Zeichen* und in der *Gegenüberstellung der Bildausschnitte die Entstehung eines neuen qualitativen Elementes,* eines neuen *Bildes,* eines neuen *Begriffes,* sehen.

Diese Erkenntnis ließ uns zunächst einmal weit über das Ziel hinausschießen.

In unserem Film „Oktober" schnitten wir in die Szenen, die Reden schwingende Menschewiki zeigen, Aufnahmen von Harfen und Balalaikas. Doch diese Harfen waren nicht Harfen schlechthin, sondern bildhafter Ausdruck der honigsüßen Reden des menschewistischen Opportunismus auf dem zweiten Rätekongreß im Jahre 1917. Und die Balalaikas waren nicht Balalaikas schlechthin, sondern das Symbol für dieses langweilige, widerliche und leere Wortegeklimper vor dem Gewitter herannahender historischer Ereignisse.

Indem wir Menschewiken und Harfe, Menschewiken und Balalaika nebeneinanderstellten, *erschlossen wir der Parallelmontage eine neue Qualität, ein neues Gebiet:* wir erhoben sie aus der Sphäre der *Handlung* in die Sphäre des *Gedanklichen.*

Die Periode dieser recht naiven Gegenüberstellungen ging verhältnismäßig schnell vorüber. Diese etwas „barocken" Lösungen wollten in vielem (überdies nicht immer sehr gelungen) mit den zur Verfügung stehenden Palliativmitteln des Stummfilms das vorwegnehmen, was die Musik im Tonfilm mit Leichtigkeit bewältigte.

Sie verschwanden recht bald wieder von der Leinwand.

Das Wesentliche aber blieb: Von jetzt ab war die Montage nicht mehr nur ein Mittel zur Erzeugung von Effekten, sondern vor allem ein Mittel *zu sprechen,* ein Mittel, durch die besondere Art der *filmischen Sprache* und des *filmischen Ausdrucks* Gedanken *darzulegen.*

Der Weg zum *Begriff der normalen Filmsprache* führte völlig natürlich über das *Stadium, das durch Übertreibungen in der Anwendung von Tropen und primitive Metaphern* gekennzeichnet ist. [. . .]

Die „ersten Proben" für diese neue, selbständige Richtung bot in Hülle und Fülle „Streik" (1924). Der Kugelregen auf die Demonstration im Finale, verbunden mit den blutigen Szenen des Gemetzels in der Stadt (in den „Kinderjahren" unseres Filmes wirkte das völlig überzeugend und hinterließ einen nachhaltigen Eindruck!), mündet in das Filmsymbol eines „Menschenschlachthofes", der die Erinnerung an die blutigen Strafmaßnahmen des Absolutismus wachruft. Das sind nicht mehr die einfachen „kontemplativen" *Konfrontationen* des Films „Palast und Festung", sondern das ist schon ein – wenn auch noch grober und lapidarer – so doch folgerichtiger und bewußter Versuch der vergleichenden Gegenüberstellung.

Einer Gegenüberstellung, die versucht, vom Beschluß der Arbeiter nicht nur durch die Darstellung zu sprechen, sondern auch durch eine verallgemeinernde, „plastische Redewendung", die dem sprachlichen Bild „blutiger Friedhof" nahekommt.

Im „Panzerkreuzer Potemkin" verschmolzen drei zueinander *beziehungslose* Großaufnahmen zu *verschiedenen* marmornen Löwen in *verschiedenen* Stellungen zu *einem* Löwen; ja mehr noch, zu einer zweiten *Film-Dimension* – zur Verkörperung des metaphorischen Aufschreis: *„Es brüllten die Steine!"*

Bei Griffith treibt der Eisgang, stürzt Lillian Gish über das Eis, springt Barthelmess von Scholle zu Scholle, um sie zu retten.

Doch die *parallel ablaufenden Vorgänge des Eistreibens und der Handlung der Menschen* münden bei ihm nie in die Allegorie eines *„Menschenstromes"*, einer Menschenmasse, die ihre Fesseln gesprengt hat und nun in einem vernichtenden Strom dahinstürzt, wie beispielsweise im Finale des Films „Die Mutter" des Dreigestirns Gorki – Sarchi – Pudowkin. [. . .]

Das ist der stolze *selbständige* Weg des sowjetischen Films, der Weg zum *Montagebild als Episode,* zum *Montagebild als Szene, zum Montagebild als Film im ganzen* – das im vollkommenen Film die gleichen Rechte, die gleiche Wirkungskraft und die gleichen Aufgaben hat *wie die Gestalt des Helden, die Gestalt eines Menschen, ja eines Volkes.* Dieser Weg und diese Ziele sind den amerikanischen Film-„Ahnherren" nicht einmal im Traume erschienen. In ihrem Lande, das den Sozialismus nicht kennt, fehlten die Voraussetzungen für jene Triebkräfte, in denen und durch die wir leben!

Denn das allgemeine kollektive Streben nach *Einheit des Bildes* war ein erst vermuteter Weg und ein noch nicht ganz erkanntes Mittel, durch das sich *nicht nur im Thematischen, sondern auch in der künstlerischen Methode* jene *höchste Einheit* ausdrücken läßt, die in unserer sozialistischen Ordnung dort liegt, wo die Klassengesellschaft zu Zwietracht und Antagonismus verurteilt ist.

Unsere Montagekonzeption ist weit über die klassische dualistische Montage-Ästhetik Griffith's hinausgewachsen, deren charakteristisches Merkmal die Unvereinbarkeit zweier parallel verlaufender, sich untereinander verflechtender thematisch verschiedener Linien ist, die sich zur Steigerung von Unterhaltung, Spannung und Tempo gegenseitig vorwärtstreiben.

Für uns wurde die Montage zu einem Instrument, das es uns gestattet, zur *Einheit der höchsten Ordnung* vorzudringen, *durch das Montagebild die organische Verkörperung einer einheitlichen ideologischen Konzeption zu erreichen, die alle Elemente des einzelnen, des Details des Filmwerks umfaßt.*

So verstanden, ging sie in ihrer Bedeutung weit über den Begriff der ausgesprochenen Filmmontage hinaus; so trägt sie viele fruchtbare und bereichernde Gedanken zum Verständnis der Methoden auf dem ganzen Gebiet der Kunst bei.

2. Struktur der Film- und Fernsehsprache

Einführung in die Texte

Eisenstein hat auf der zur Wortsprache analogen Einschätzung des Films als Sprache vor allem deshalb insistiert, weil er im Film eine vergleichbare Mitteilungsform, „ein Mittel zum Sprechen“ gesehen hat. Darin eben folge der Film der „Methodik der Sprache, die aus der Verbindung zweier konkreter Bezeichnungen, konkreter Gegenstände, ganz neue Begriffe und Vorstellungen entstehen läßt“ weshalb es legitim sei, sich an ein Sprachsystem anzulehnen, „wo derselbe Mechanismus im Gebrauch der Wörter und Wortkomplexe existiert“[1].

Ist es tatsächlich „derselbe Mechanismus“, der die Analogie zur verbalen Sprache rechtfertigt?

2.1. Etwa parallel zu Eisenstein haben 1927 einige der russischen Formalisten[2] die Frage nach dem Film als Sprache systematisch weiterverfolgt. So hat Boris Ejchenbaum nachzuweisen versucht, daß die Gesetze der Wortsprache analog zu denen der Filmsprache Geltung haben sollen. Das bedeutet über die meist nur umgangssprachliche Verwendung des Begriffs ‚Filmsprache‘ hinaus, daß beiden gleiche oder vergleichbare Strukturen zugrunde liegen. Es lohnt sich, die Vorschläge Ejchenbaums experimentell nachzuprüfen etwa mit dem Kriterium der im Vergleich zur verbalen Sprache ebenso exakten und vollständigen Verständlichkeit der filmischen Mitteilungen.

Als kleinste Einheit, dem Wort vergleichbar, habe die Einstellung (nicht das Fotogramm, also das einzelne Bild) zu gelten, deren bedeutungshafte Verknüpfungen den Filmsatz bilden würden. Die Art ihrer ‚Montage‘ macht Ejchenbaum interessanterweise von der ‚inneren Rede des Filmzuschauers‘ abhängig, d. h. von der aus ihr resultierenden (und so beabsichtigten) Erkenntnistätigkeit des Zuschauers.

Die, wie er selbst sagt, ‚rein technischen Mittel der Fotografie‘ wie Einstellungsgrößen, Kamerabewegungen etc. (vgl. das ‚Lexikon‘ S. 46f.) definiert Ejchenbaum analog zur „alten grammatikalischen Terminologie“ als „artikulatorische Mittel der Filmsprache“ wie z.B. „eine Art ‚Umstandsbestimmung des Ortes oder der Zeit‘“; im Verhältnis zur ‚Totalen‘ veränderte Einstellungsgrößen und -winkel bekommen explizit syntaktische Funktion. Die Feststellung sog. ‚filmsyntaktischer Typen‘, die die stilistische Ebene des Films bestimmen und vom Montage-

[1] Vgl. *Sergej Eisenstein:* Dialektische Theorie des Films. In: *Dieter Prokop* (Hrsg.): Materialien zur Theorie des Films. München 1971, S. 78.

[2] Der Sammelband ‚Poetika kino‘ erschien 1927 in Leningrad. In ihm setzten sich die russischen Sprach- und Literaturtheoretiker Ejchenbaum, Tynjanov, Kazanskij, Sklovskij und Piotrovskij mit dem Phänomen Film auseinander. Zu den Theorien der russischen Avantgardisten vgl. *Hans Günther:* Proletarische und avantgardistische Kunst. Die Organisationsästhetik Bogdanovs und die LEF-Konzeption der ‚lebenbauenden‘ Kunst. In: Ästhetik und Kommunikation 4 (1973), Heft 12, S. 62–75.

verfahren abhängen (da dieses wiederum die Beziehung der Einstellungen regelt), könnte durchaus die stilistische Differenz zwischen der Filmpraxis eines Griffith und eines Eisenstein bestimmen helfen – über die gesellschaftliche Bedeutung dieser Differenz sagt sie nichts aus.

Wie problematisch Ejchenbaums Verfahren ist, zeigt sich bei seiner Erörterung der ‚Lexikon'-Frage. So kann man sicherlich davon ausgehen, daß es eine ‚Semantik' (Bedeutungsstruktur) gestischer und mimischer Aussagen im Film gibt, die durch eine gewisse Konventionalität (gesellschaftlich herausgebildete Übereinkunft, die das Verständnis von Sprache und damit Sprache als Mittel der Verständigung ermöglicht) gesichert ist – diese Mitteilungsebene hatte J. M. Peters jedoch als unfilmisch ausgeklammert[3] –, ob indes die Rekonstruktion des einzelnen Fotogramms als „eine Art ‚wörterbuchhaftes', isoliertes Film-Wort" zulässig ist für die Bestimmung der semantischen Struktur des Ganzen aus der Bedeutung seiner Teile, statt aus dem Kontext erst die Bedeutungen der einzelnen Einstellungen und Fotogramme zu bestimmen, ist fraglich. Ejchenbaum ist allerdings auch nicht konsequent, da er, wie bei der Betonung der ‚inneren Rede des Zuschauers' nicht anders zu erwarten, die ‚Semantik der Montage', also die Entstehung der Bedeutung einer Filmaussage aus der Abfolge der Einstellungen letztlich doch wieder betont.

Versuche wie der Ejchenbaums, die Struktur der verbalen Sprache und ihre grammatikalischen Begriffe unmittelbar auf eine Film‚sprache' abzubilden, sind insbesondere im Anschluß an Filmtheoretiker wie Béla Balázs und Rudolf Arnheim u. a. immer wieder gemacht worden.[4]

Der Lösung des Problems einen Schritt näher gekommen war man jedoch erst in dem Augenblick, als man eine andere Ebene des Vergleichs verbal-sprachlicher und filmischer (und anderer) Mitteilungsformen gefunden hatte. Die allgemeine Theorie der Zeichen (Semiotik) war in der Linguistik seit langem auf die Untersuchung und Beschreibung der verbalen Sprachstrukturen angewandt worden; der Vergleich eines Zeichensystems der Sprache mit dem des Films unter dem zentralen Aspekt ihrer Mitteilungsfunktion und darüber hinaus im System gesellschaftlicher Kommunikation würde tatsächlich Aufschluß über die Struktur der Filmsprache geben können. V. V. Ivanov, ein russischer Strukturalist, beschreibt die Aufgabenstellung der Filmsemiotik folgendermaßen:

> „Die Erfolge des Strukturalismus bei der Untersuchung der Sprache und anderer Zeichensysteme, die zur Übermittlung einer Information in der Gesellschaft benutzt werden, haben zu dem Versuch geführt, ähnliche Methoden auch auf das Studium des Films anzuwenden.
> Die strukturale Untersuchungsweise setzt voraus, daß jeder Film als einheitliches Ganzes

[3] S. o. S. 14 („Diese ersten Filme enthielten eine Menge von Mitteilungen, aber es waren noch keine Mitteilungen in der Filmsprache. Die Filmbilder waren lediglich Abbildungen von Mitteilungen in anderen Medien.")

[4] Unter Berufung auf Béla Balázs hat der Begründer der Jugendfilmclub-Bewegung in Deutschland nach dem 2. Weltkrieg, Detlof Karsten, die Filmerziehung in die Bahnen positivistischer Filmanalyse gelenkt: „Man kann den Film auch eine ‚neue Sprache' nennen, die ihren eigenen Regeln folgt, und die man nur recht zu verstehen vermag, wenn man sich die Mühe macht, Grammatik und Syntax dieser Sprache zu erlernen." (*Detlof Karsten:* Die Sprache des Films. Seebruck 1954, S. 7)

betrachtet wird, das nach Gesetzen aufgebaut ist, die auch für andere Filme (desselben Regisseurs, derselben Schule, desselben Genres usf.) wirksam sind. Die Gesamtheit solcher Gesetze bestimmt die Struktur der Filmsprache. Die Bezeichnung ‚Sprache' bleibt dabei im konventionellen Rahmen; genauer wäre es, von einem Zeichensystem zu sprechen (die gewöhnliche Sprache kann als Sonderfall eines Zeichensystems betrachtet werden).

Wenn man den Film als ein Zeichensystem auffaßt, so setzt das voraus, daß jedes Bild (oder eine Sequenz von Bildern) gleichzeitig von zwei Seiten beschrieben werden kann: sowohl von der bezeichnenden Seite aus, die alle äußeren visuellen und tonalen Charakteristika des Bildes einschließt, als auch von der bezeichneten Seite aus, zu der die Bedeutung des Bildes in der Struktur des ganzen Films gehört. Das Vorhandensein zweier Seiten – der bezeichnenden, die mit den Gefühlsorganen wahrgenommen wird, und der bezeichneten (der Bedeutung) – dient als grundlegendes Unterscheidungsmerkmal eines jeden Zeichens, sei es das gesprochene Wort der mündlichen Sprache, das geschriebene Wort der Schriftsprache, seien es Farbsignale der Zeichen im Straßenverkehr oder andere Zeichen, die einfacher als die Filmzeichen sind. Die gemeinsamen Eigenschaften aller Zeichen und aller ihrer Systeme (anders gesagt: ihrer Codes, wenn man die Termini der mathematischen Informationstheorie gebrauchen will) werden von einer besonderen Wissenschaft der Zeichen, der Semiotik, untersucht."[5]

Bei den folgenden Texten wird vor allem die Terminologie einige Schwierigkeiten bereiten; diese können nicht dadurch aufgehoben werden, daß sie bloß lexikalisch übersetzt werden. Zu den zwei Grundbegriffen der Semiotik, die immer wieder auftauchen, die Ivanov als die zwei Seiten der semiotischen Beschreibung eines Bildes z.B. gekennzeichnet hat: die bezeichnende und die bezeichnete Seite, signifiant und signifié, Signifikant und Signifikat, das Bedeutende und das Bedeutete, – soll hier noch eine Begriffsdefinition von Roland Barthes vorausgeschickt werden:

„Ich erinnere [. . .] daran, daß jede Semiologie eine Beziehung zwischen zwei Termini postuliert, von denen der eine der ‚bedeutende' und der andere der ‚bedeutete' ist. [. . .] Man muß darauf achten, daß man es im Gegensatz zur gängigen Ausdrucksweise, die nur einfach sagt, daß das ‚Bedeutende' das ‚Bedeutete' *ausdrückt,* bei jedem semiologischen System nicht mit zwei, sondern mit drei verschiedenen Termini zu tun hat; [. . .] Es gibt also das *Bedeutende,* das *Bedeutete* und das *Zeichen,* das die assoziative Gesamtheit der ersten beiden Termini ist."[6]

Was die Filmsemiotik zur Klärung einer Struktur der Filmsprache beitragen kann und wie sie es tut, soll an Problemen, die auch vorher schon aufgetaucht sind, überprüfbar werden.

2.2. Die Frage nach der Verständlichkeit und Eindeutigkeit filmischer Aussagen im Verhältnis zur Wort-Sprache beantwortet Bitomsky mit der Feststellung des Doppelcharakters des Films, einmal nur Film, also Präsentation von Gegenständen, Farben etc. zu sein, zum anderen als Film auch etwas zu bedeuten, Aussagen

[5] Vgl. *V. V. Ivanov:* O strukturnom podchode k jazyku kino (Über den strukturellen Zugang zur Sprache des Kinos), zit. nach dem MS der Übersetzung von *H. Siegel,* demnächst in: *Eimermacher* (Hrsg.), Semiotica. Arbeiten des sowjetischen Strukturalismus. 2 Bde. Frankfurt/M. 1975 = FAT 2092 und 2093.

[6] Vgl. *Roland Barthes:* Mythen des Alltags. Frankfurt/M. ^{2}1970 = edition suhrkamp 92, S. 90.

zu machen, etwas zu repräsentieren. Der große Vorteil des Films liegt demnach darin, die Dinge, von denen er spricht, vorzeigen zu können, also in der Deutlichkeit der Präsenz der gegenständlichen Welt, der Nachteil filmischer Mitteilungen liegt in der Ungenauigkeit dessen, was die vorgezeigten Gegenstände etc. im Film jeweils bedeuten sollen. Und alles, was im Film gezeigt wird, ‚bedeutet' etwas, ist ‚Signifikant' eines ‚Signifikates', Bedeutendes einer Bedeutung. Hier ist leicht Eisensteins Problem wiederzuerkennen: deutlich sind die Niedermetzelung der streikenden Arbeiter und das Schlachten eines Rindes zu erkennen; ihr Auftauchen im Film macht beide zu Signifikanten, deren Signifikanz durch ihr bewußtes In-Beziehung-Setzen eingeschränkt, also verschärft werden soll, und doch bleiben die Signifikate undeutlich genug, um z. B. von den Simonovska-Arbeitern mißverstanden zu werden.

Die spezifische Beziehung zwischen Signifikant und Signifikat in Film und Wort-Sprache kann klärend auch z. B. für die Frage einer filmischen Syntax (oder Syntagmatik) herangezogen werden. Wie Christian Metz gezeigt hat, gibt es durchaus filmische Syntagmen, die denen der Wort-Sprache vergleichbar sind (vgl. im ‚Lexikon' S. 53–54), wie wenig eine analoge Benutzung der Wort-Sprachen-Grammatik für die Filmsprache bringt, zeigt, daß der entscheidende Punkt, die vage Beziehung zwischen Signifikant und Signifikat, damit nicht eliminiert ist.

Eine Reihe möglicher Fragen, die in den vorangegangenen Texten angeschnitten wurden, könnten hier diskutiert werden, so z. B. die Frage nach der Filmmetapher bei Eisenstein, der Entstehung des ‚Begriffs' aus den Signifikanten z. B. Herz und Messer mit dem Signifikat Schmerz, wobei das Ganze, die Metapher als Super-Zeichen zu werten wäre etc. Schließlich weist Bitomsky noch auf einen Zusammenhang hin, den Ejchenbaum die ‚innere Rede des Zuschauers' genannt hat, deren Entstehung hier so beschrieben wird: „Die Spannung zwischen Präsenz und Bedeutung lädt einen Film auf, er wird gleichsam zu einer Energiequelle, die der Zuschauer produktiv aufbraucht." (Bitomsky)

Das Lexikon-Problem stellt sich Bitomsky als Frage nach einer Liste streng definierter Signifikanten des Films, wie es eine Liste der Wörter in der Wort-Sprache gibt. Ihre Zahl jedoch ist unendlich, also kann es auch kein notwendig begrenztes Lexikon der Film-Sprache geben.

2.3. Pasolini kommt zu demselben Ergebnis, entfaltet das Problem jedoch noch etwas weiter, insbesondere, indem er die Seite der Sprachverwendung hervorhebt und die Probleme, die sich aus der, wie er sagt, irrationellen Art des linguistischen Instruments des Films ergeben, benennt.

2.4. Sowohl für den lexikalischen, als auch für den syntagmatischen Zusammenhang weist Christian Metz die Analogie zwischen der filmischen Einstellung und dem linguistischen Wort, wie er es nennt, sowie der filmischen Sequenz und dem linguistischen Satz zurück. Die „fünf gravierenden Unterschiede" listen noch einmal nicht nur die Differenzen der Filmsprache zur verbalen Sprache, sondern insbesondere die Charakteristika der filmischen Sprache selbst auf. Es wird keine allzu großen Schwierigkeiten machen, die einzelnen Punkte an Filmbeispielen zu überprüfen, z. B. an Eisensteins „Streik".

2.5. Die ‚Probe aufs Exempel' macht der folgende Text, wenn er nach der Übersetzbarkeit des einen Sprach‚codes' in den anderen fragt. Ausgehend von der Untersuchung des Problems, ob der Film als eine Folge kommunikativer Handlungen anzusehen sei, wird versucht, den Satz „ein Mann läuft die Straße runter" in eine Reihe „visueller Äußerungen" zu übersetzen. Da weder die verbale noch die Filmsprache die Dinge und Vorgänge selber, wie sie sind, zeigen, sondern sie mit ihren Mitteln wiedergeben, wird deutlich, daß der ‚einfache' Satz: „ein Mann läuft die Straße runter" mit den Mitteln des Films nicht auf dieselbe ‚einfache' Art wiedergegeben werden kann: Der Film muß *zeigen,* welcher Mann, welche Straße wie herunterläuft und noch in der Perspektivität des Zeigens muß der Film ‚Stellung' nehmen. Jeder, der schon einmal einen Film vollständig erzählen wollte, weiß, daß auch das Umgekehrte nicht möglich ist: die einfache Tatsache, daß im Film ein Mann eine Straße runtergeht, ist mit dieser Feststellung u. U. (je nach der Bedeutung der Szene im Film) noch überhaupt nicht beschrieben. Unendlich viele Details, die man im Film zugleich wahrnimmt, wären nach einander zu beschreiben. Eine ähnliche Feststellung von Bitomsky wird damit bestätigt:

„Es gibt also keine 1:1-Übersetzung eines Aussagesatzes in die visuelle Ebene, weil es auf der visuellen Ebene nicht die Möglichkeit gibt, analog zu Wörtern Vorgänge usw. verallgemeinernd zusammenzufassen. Ein filmischer Teiltext zeigt immer mehr als in einer wortsprachlichen Beschreibung davon sinnvoller Weise gesagt werden kann. Während visuelle Äußerungen durch sinnlich wahrnehmbare Einzelheiten Allgemeines ausdrücken, beziehen sich sprachliche Ausdrücke mittels allgemeiner Bedeutungen auf konkrete Dinge usw." (Schanz)

2.6. Eine letzte Frage schließlich, die hinsichtlich der Bestimmung des Films als Sprache vornan stehen müßte, betrifft eine unter Filmsemiologen ständig geführte Diskussion: ob der Film als ‚langue' oder als ‚langage' einzuschätzen sei. Den Unterschied beschreibt Metz wie folgt:

„Eine Sprache (langue) ist ein stark organisierter Kode. Die langage bedeckt eine viel größere Zone: Saussure sagte, die langage sei die Summe der langue und der Rede (parole) [. . .] Natürlich denkt man hier an die Unterscheidung zwischen verbaler langage (der eigentlichen langage) und den anderen semiotischen Systemen (manchmal ‚Sprachen im metaphorischen Sinne' genannt)."[7]

Deutlicher wird die Differenz vielleicht noch an der Auffassung vom Film als „langage sans langue" durch Metz: Das bedeutet, daß der Film eine Sprache, eine Mitteilungsform ohne speziellen Kode sei. Metz betont daher die Erzählweise des Films, das „Narrative" und dessen Strukturen in den großen Montageformen, den Syntagmen, die einzig der Erzählweise des Films dienen:

„das Kino ist Sprache über jede spezielle Wirkung der Montage hinaus. Nicht weil das Kino eine Sprache ist, kann es uns so schöne Geschichten erzählen, sondern weil es sie uns erzählt hat, ist es zu einer Sprache geworden."[8]

[7] Vgl. *Christian Metz:* Das Kino: langue oder langage? In: *ders.:* Semiologie des Films. München 1972, S. 63, Anm. 28.
[8] Ebd., S. 73.

Peters dagegen gibt sich mit einer ‚langage sans langue' nicht zufrieden. Er nimmt unterhalb der Einstellung, die für Metz kleinstes Element der langage ist, weitere diskrete Einheiten an, die die Einstellung erst konstituieren und deren Bedeutungsträger Abbildungsschicht und Kamerablick sind.

Die unterschiedliche Bestimmung der Filmsprache als spezieller Code, Zeichensystem, d.h. als ‚langue' (Filmsprache I) und als „nur eine langage" (Filmsprache II) hängt jetzt davon ab,

„ob mit der Kamera Bedeutung der Wirklichkeit vor der Kamera zugeordnet wird oder Wirklichkeit vor der Kamera abgebildet wird, (je nach dem) spricht Peters von einer Filmsprache I [. . .] und einer Filmsprache II"[9]

Diese Unterscheidung (die eine Unterscheidung im Film selbst und nicht von verschiedenen Filmen ist, d.h. beide Sprachen kommen mit verschiedenem Gewicht in allen Filmen vor) bezieht Peters jetzt auf den Montagebegriff: Während die Filmsprache I nur die Kamerablicke auf die (äußere oder erzählte) Wirklichkeit ordnet, strukturiert, interpretiert, indem sie in der Anordnung der Kamerablicke der Wirklichkeit Bedeutung verleiht, kann die Filmsprache II (aus der ‚narrativen' Struktur der langage) eine „Geschichte kreieren, eine Handlung oder Situation erzeugen, die es außerhalb des Films noch nicht gibt". Nur für diesen Montagetyp will Peters den Begriff der Montage noch gelten lassen; daß er in Eisensteins ‚assoziativer' oder ‚Ideenmontage' am reinsten verkörpert ist, wird deutlich geworden sein.

2.7. Der Abschnitt über die Struktur der Filmsprache wird abgeschlossen durch eine lexikonartige Sammlung von Begriffen aus der Analyse der Film- und Fernsehsprache. Einerseits werden Termini, die bis hierher bereits benutzt wurden, zusammengestellt (Einstellung, Kameraperspektive, Montage, Sequenz, Syntagma, verschiedene visuelle und verbale Codes etc.) und erläutert, andererseits werden auch neue Aspekte der Film- und Fernsehsprache vorgestellt, die so bisher nicht vorgekommen sind, für die Praxis der Analyse von Fernsehsendungen jedoch von Bedeutung sind. Beiden Aufgaben sollte dieses ‚Lexikon' möglichst gerecht werden können. (Hinzukommt, daß damit auch ‚Handwerkszeug' für die künftige Film- und Video-Praxis der Schüler angeboten werden soll.)

2.1. Boris Ejchenbaum: Probleme der Filmstilistik

Es ist offenkundig, daß für die Frage nach der Artikulation der Filmsprache grundlegende Bedeutung nicht die Fotogramme, sondern die Einstellungen haben, denn sie allein werden ja als reale Teile wahrgenommen. Gerade sie bilden, indem sie untereinander in Zusammenhang treten, das System der Einstellungsführung, das ja auch grundlegendes Problem der Filmstilistik ist. Man muß in diesem System offensichtlich mehr oder weniger große Aufgliederungen unter-

[9] Vgl. *Friedrich Knilli:* Einführung, zu: *ders.* (Hrsg.): Semiotik des Films. München 1971, S. 12.

scheiden in Übereinstimmung damit, wie sich die innere Rede des Filmzuschauers bildet. Die Montage ist ja gerade Montage und nicht einfaches Zusammenkleben, insofern ihr Prinzip das Schaffen bedeutungshafter Einheiten und deren Verkettung ist. Die fundamentale Einheit dieser Verkettung ist der *Filmsatz.*

Wenn man unter ‚Satz' generell eine gewisse, tatsächlich als Segment (sprachliches, musikalisches usw.) wahrgenommene fundamentale Aufgliederung sich bewegenden Materials versteht, dann kann man ‚Satz' definieren als Gruppe von um einen akzentualen Kern gesammelten Elementen. Z. B. wird der musikalische Satz gebildet durch eine Gruppierung der Töne um einen rhythmisch-melodischen oder harmonischen Akzent, hinsichtlich dessen die vorhergehende Bewegung eine Vorbereitung ist. Eine analoge Rolle spielt im Film die Gruppierung verschiedener Aufnahmedistanzen und Aufnahmewinkel.

Im Film haben wir drei grundlegende Bewegungen auf der Leinwand: Bewegung am Zuschauer *vorbei,* auf den Zuschauer *hin* und vom Zuschauer *weg* in die Tiefe. Die erste von ihnen, die man panoramatische nennen könnte, ist eine elementare und für den Film nicht charakteristische Bewegung; sie dominierte im frühen Stadium des Films (‚Ansichts'-Bilder), als alles in Totale, ohne Montage, gezeigt wurde und der Film lediglich bewegte, den Prinzipien der Laterna Magica noch nahestehende Fotografie war. Gleichzeitig mit dem Übergang von der bewegten Fotografie zum Film wurde die Bedeutung der Montage nicht nur als Sujetform, sondern auch als stilistische Form (Einstellungsführung) bestimmt. Das Entwickeln der Filmsprache mit ihrer besonderen Semantik erforderte die Setzung akzentualer Momente, durch deren Hervorhebung auch die Filmsätze entworfen wurden. Eben hierdurch wurde auch die stilistische Bedeutung der Aufnahmedistanzen und Aufnahmewinkel bestimmt.

Rein technische Mittel der Fotografie wurden als artikulatorische Mittel der Filmsprache eingesetzt. Die Totale wurde als lediglich orientierendes Element des Filmsatzes, als – in der alten grammatikalischen Terminologie – eine Art ‚Umstandsbestimmung des Ortes oder der Zeit' beibehalten. Die akzentualen Satzglieder werden durch Vordergrundeinstellungen und Großaufnahmen geschaffen, die eine Art Subjekt und Prädikat des Filmsatzes sind. *Die Bewegung der Aufnahmedistanzen* (von der Totale zum Vordergrund und danach zur Großaufnahme oder auch in anderer Reihenfolge), in deren Zentrum die Großaufnahme als grundlegender stilistischer Akzent steht, ist das fundamentale Konstruktionsgesetz des Filmsatzes; Abweichungen hiervon sind natürlich genauso möglich wie in jeder Kunst eben Abweichungen von jedem ‚Gesetz' möglich sind. Hierzu kommt der Wechsel der Aufnahmewinkel (eine Art Nebensatz), der in das Schema des Filmsatzes zusätzliche Akzente einführt. Man zeigt eine Szene in einer Totalen, danach dieselbe Aufnahmedistanz, jedoch in einem anderen Aufnahmewinkel (von oben), usw.

Lassen sich im gegenwärtigen Stadium bestimmte filmsyntaktische Typen skizzieren? Natürlich wäre dafür eine weit detailliertere, am Schneidetisch an einzelnen Einstellungen durchgeführte Untersuchung dieser Frage erforderlich. Wenngleich wohl kaum eine abstrakte Klassifizierung ergiebig sein dürfte, so lassen sich dennoch darüber einige Aussagen machen. Für den Filmzuschauer ist der Unterschied zwischen einem langen und einem kurzen Filmsatz völlig klar. Die Montage eines Filmsatzes kann man lang oder kurz halten. In bestimmten Fällen kann eine Totale eine wichtige Bedeutung haben: ihr Hinausdehnen vermittelt den Eindruck eines langen, sich langsam entwickelnden Satzes; in anderen Fällen besteht, im Gegenteil, der Satz aus schnell alternierenden Vordergründen und Großaufnahmen und führt so zum Eindruck des Fragmentarischen, Lakonischen. Darüber hinaus hängt ein wesentlicher Unterschied in der stilistischen Konstruktion eines Filmsatzes vom Ablauf seiner Aufnahmedistanzen ab: von den in Großaufnahme gezeigten Details zum Panorama oder umgekehrt. Im ersten Fall erhält man eine Art Aufzählung, die zu folgendem Ergebnis führt: der Zuschauer ist, in Unkenntnis des Ganzen, auf die Details fixiert, indem er von Anfang an lediglich deren Fotogenität und gegenständliche Bedeutung erfaßt: ein hoher Zaun, ein riesiges Torschloß, ein angeketteter Hund. Dann öffnet sich ein Panorama, und er versteht: der Hof eines gestrengen patriarchalischen Kaufmannshauses. Dieser Satztyp verlangt vom Zuschauer, die Details *nach* der Totalen zu verstehen, auf sie wieder zurückzukommen. Es ist m. a. W. ein *regressiver* filmsyntaktischer Typ. Seine Besonderheit liegt nicht nur in der Aufeinanderfolge der Aufnahmedistanzen, sondern auch darin, daß die Details mit einer besonderen semantischen Symbolik versehen sein müssen, deren Sinn der Zuschauer nicht vor dem Schlußakzent errät. Die Montage eines solchen Satzes verläuft nach dem Prinzip des Rätsels.

Der andere, *progressive* filmsyntaktische Typ führt von der Totalen zu den Details, und zwar so, daß der Zuschauer selbst sich gleichsam dem Bild nähert und mit jeder Einstellung sich immer genauer in den auf der Leinwand ablaufenden Ereignissen orientiert. Man kann noch hinzufügen, daß der erste Satztyp eher beschreibend, während der zweite mehr erzählend ist. Es ist natürlich, daß diese filmsyntaktischen Typen mit besonderer Klarheit und Logik vor allem *am Anfang* eines Films auftreten, wenn der Zuschauer in die Atmosphäre des Films eingeführt werden muß.

Der Filmsatz wird also entworfen durch die Gruppierung von Einstellungen auf der Grundlage einer durch akzentuale Momente verbundenen Bewegung der Aufnahmedistanzen und Aufnahmewinkel. Der stilistische Unterschied der Filmsätze hängt ab von den Montageverfahren. [. . .]

Durch dieses Prinzip wird auch die Montage der Verkettung der Filmsätze bestimmt, insofern es sich gerade um die stilistische Funktion der Montage handelt. Die Filmsequenz, deren Größe natürlich sehr unterschiedlich sein kann, wird als ein gewisser geschlossener Teil gerade insofern empfunden, als die Bewegung der sie bildenden Einstellungen verbunden ist durch die Kontinuität räumlich-zeitlicher Relationen. Die Ausarbeitung einzelner räumlich-zeitlicher Momente (Filmsätze) und deren Verkettung wird durch eine gewisse Zusammenfassung dieser Momente, durch das Festsetzen bedeutungshafter Relationen zwischen ihnen abgeschlossen. Wenn der Zuschauer sich einen Film anschaut, so sieht er zunächst nur einzelne Stücke; nach zwei oder drei Filmsätzen beginnt er die Beziehungen zwischen den Personen, den Ort der Handlung, den Sinn ihrer Taten und Gespräche zu verstehen, jedoch immer noch nur bruchstückhaft. Danach tritt der Moment ein, wo für ihn die bedeutungsmäßigen Beziehungen aller das Montagematerial des gegebenen Teils bildenden Elemente klar werden; geschlossen wird die Filmsequenz durch die Kreuzung der Einstellungen in einem bestimmten Punkt, der den gegenseitigen Zusammenhang der vorhergegangenen

Stücke klärt und ihre Bewegung beendet. Als Abschlußmoment figuriert gewöhnlich eine Großaufnahme in einer dem musikalischen ‚fermato' analogen Rolle: der Zeitfluß kommt gleichsam zum Stehen, der Film hält seinen Atem an, der Zuschauer versenkt sich in die Betrachtung.

Aus dieser allgemeinen Charakteristik der Filmsequenz folgt, daß das stilistische Moment ihrer Montage in der Motivierung der Übergänge von einem Filmsatz zum anderen besteht. Die Sujet-Motivierung an sich löst dieses Problem nicht, da sie in keiner Verbindung mit der Frage nach Rhythmus der Montage und Konstruktion räumlich-zeitlicher Beziehungen steht. Die stilistischen Verfahren der Montage zeigen sich gerade darin, wie der Regisseur, indem er ein Sujetmoment mit dem anderen verbindet, die Einstellungen führt. Hier vor allem zeigt sich der Unterschied zwischen einer fließenden, langsamen, die Filmzeit in kleine, konsequent eins ans andere gekettete Teile zerstückelnden Montage (z. B. eine auf alltäglichen Details oder der Verschiedenartigkeit der Aufnahmewinkel aufgebaute Szene) und einer schnellen Montage, die einen Grad des ‚Flüchtigen' oder ‚Zerrissenen' erreichen kann, wenn in einer kurzen Meterlänge dem Zuschauer isolierte Momente gezeigt werden. Dies ist eine Seite der Filmsyntax. Die andere zeigt sich darin, wie der Regisseur von einer Szene zur folgenden übergeht.

Jede Szene wird ja dem Zuschauer stückweise, in Sprüngen gegeben. Vieles sieht er überhaupt nicht: die Intervalle zwischen den Sprüngen werden durch die innere Rede gefüllt. Damit aber diese innere Rede sich einstellt und dem Zuschauer den Eindruck der Fülle und Logik vermittelt, müssen die Sprünge in irgendeinem bestimmten Zusammenhang stehen und die Übergänge hinlänglich motiviert sein. Nicht wenige umgeschnittene Filme sind bis zu einem solchen Grade entstellt, daß die Montage sich gleichsam in eine Grimasse verwandelt und folglich beim Zuschauer sich keinerlei innere Rede einstellt, er also nichts versteht (ein Beispiel aus dem Repertoire des letzten Herbst ist „Zirkuszwillinge" mit Werner Krauss und ein älteres ist „Die freudlose Gasse"[1] mit Asta Nielsen und Gregori Chmara). Wenn eine handelnde Person sich von einem Punkt zu einem anderen begibt, so kann der Regisseur in Abhängigkeit von dieser oder jener stilistischen Absicht unterschiedlich vorgehen: er kann uns ihren Weg detailliert zeigen, er kann aber auch einige Augenblicke überspringen und diese Lücken mit Material aus einer anderen Sequenz ersetzen. Die Montage wird generell nach Art solcher Substitutionen gemacht; ihre Bewegung ist multilinear. Die Illusion räumlich zeitlicher Kontinuität wird nicht durch eine tatsächliche Kontinuität, sondern durch deren Äquivalente geschaffen: *während* die Familie zu Mittag ißt, passiert an einem anderen Platz irgend etwas. Die Parallelen werden nach dem Prinzip sich bewegender Simultaneität genutzt; sie kreuzen sich in der inneren Rede des Zuschauers als in der Zeit zusammenfallende. [. . .]

Die Filmsprache ist nicht weniger konventionell als jede andere Sprache. Die Grundlage der Filmsemantik bildet jener Vorrat mimischer und gestischer Ausdrucksfähigkeit, den wir uns im Alltag angeeignet haben und der deswegen auf der Leinwand ‚unmittelbar' verständlich ist. Nun ist dieser Vorrat aber erstens allzu dürftig, um einen Film damit machen zu können, und zweitens – was

[1] Deutschland 1925. Regie: *G. W. Pabst* (1885–1967). Kamera: *G. Seeber;* Drehbuch: *Willy Haas;* Darsteller: *Asta Nielsen, Greta Garbo, Werner Krauss.*

entscheidend ist – relativ *vieldeutig*. Darüber hinaus tendiert der Film wie jede andere Kunst dazu, gerade die Elemente dieser Semantik zu kultivieren, die gewöhnlich nicht genutzt werden. Der Film hat nicht nur seine Sprache, sondern auch seinen für Nichteingeweihte schwer zugänglichen ‚Jargon'.

Eine Geste oder ein Gesichtsausdruck sind, isoliert genommen, genauso wie ein isoliert genommenes ‚Wörterbuch'-Wort vieldeutig und unbestimmt. [. . .]

Das einzelne Fotogramm ist eine Art ‚wörterbuchhaftes', isoliertes Film-Wort. Die Semantik einer Fotografie, die keinen ‚Kontext' besitzt, außerhalb eines ‚Satzes' steht und deswegen außerhalb jeder ‚lexikalischen Ebene', ist arm und abstrakt. Das klassische „Bitte lächeln!", womit manche Fotografen die Aufnahme ankündigen, ist diktiert durch das Fehlen eines semantischen Auftrags, durch das Fehlen eines ‚Kontextes'. Der Schaukasten eines Fotografen ist ein ‚Wörterbuch', ein Schaukasten mit Filmaufnahmen hingegen ist eine Sammlung von Zitaten. Es ist aufschlußreich, den von diesen Aufnahmen evozierten Eindruck *vor* und *nach* einer Filmvorführung zu vergleichen: im ersten Fall kann man selbst den allgemeinsten Sinn einzelner Szenen nur erraten – „sie küssen sich", „er folgt ihm" usw.; im zweiten Fall beleben sich die Aufnahmen wie sich ein Zitat aus einem bekannten Werk belebt, weil man den Film, den ‚Kontext' kennt.

Aus all dem kann man den Schluß ziehen, daß es im Film eine Semantik der *Bilder* und eine Semantik der *Einstellungen* gibt. Isoliert tritt die Semantik eines Bildes als solche selten auf; jedoch besitzen einige, gerade mit dem Fotogenen zusammenhängende Details in der Komposition eines Bildes manchmal einen eigenständigen semantischen Wert. Die grundlegende semantische Rolle fällt allerdings der Montage zu, da sie ja die Bilder über ihren allgemeinen Sinn hinaus mit Bedeutungsnuancen färbt. Bekannt sind die Fälle, wo bei dem Umschnitt eines Films dieselben Bilder, in einen neuen Montage-‚Kontext' gesetzt, einen völlig neuen Sinn bekommen. Genauso kann ein Bild aus einer Wochenschau (wo ja ausschließlich die Semantik der Bilder hervortritt, weil die Montage keine eigenständige Bedeutungsrolle spielt) in einem Film verwendet werden; sein Sinn aber wird ein völlig anderer sein, weil es in die Semantik der Montage eintritt. Denn der Film ist ja von den Bildern bis hin zu den Einstellungen eine gänzlich *sukzessive*[2] Kunst: der Sinn der einzelnen Bilder wird schrittweise klar aus ihrer Nachbarschaft und Abfolge. Die Grundmerkmale ihrer Bedeutung sind an sich extrem unbeständig und werden im Rahmen des Films selbst zu Bedeutungsschablonen, bei denen die Aufmerksamkeit eines erfahrenen Filmzuschauers sich schon nicht mehr aufhält.

2.2. Hartmut Bitomsky: Die Deutlichkeit der Signifikanten und die Undeutlichkeit der Signifikate

Weil die Film-Sprache ein abstrakter Code ist, andererseits aber mit sprechendem Material arbeitet, ist die Kinematographie in einem gewissen Sinne doppeldeutig und vage. Zum einen tendiert sie dahin, keine (aus dem Film abziehbaren)

[2] Vgl. *J. Tynjanow:* „Problema stichotvornogo jazyka" („Probleme der Verssprache"). Leningrad 1924, S. 40.

Aussagen zu machen, rein präsentational zu sein und nichts als Film (d. h. konkrete Sachen, Farben, Licht, Aktionen) darzustellen, zum andern tendiert sie dahin, aus dem Film hinausweisende Aussagen zu machen, Anderes als Film darzustellen.

Ein Vergleich der Kinematographie mit der (nicht-dichterischen) Wort-Sprache kann vielleicht herausholen, wie es zu dieser *Deutlichkeit der Präsenz – Undeutlichkeit der Repräsentanz* kommt. In der Wort-Sprache ist die Liste der Wörter (das Lexikon) relativ abgeschlossen, und die Schöpfung neuer Wörter, der Neologismus, ist nicht die Regel. Dadurch ist die Relation zwischen Signifikant und Signifikat beim Wort streng definiert, und die Definition ist von einiger Dauer. – Alles, was wahrnehmbar ist, kann gefilmt werden; ein Glied der Film-Sprache kann also alles mögliche sein; jedes konkrete, sichtbare und hörbare Objekt kann dem Film als Signifikant dienen. Deshalb sind die signifikanten Mittel sowohl unendlich ihrer Anzahl nach, als auch heterogen der Art ihrer Codifikation nach. Jedes Ding als ein Zeichen verwenden zu können, heißt prinzipiell neologisch zu sein. Die Beziehung zwischen Signifikant und Signifikat ist infolgedessen von ungleich geringerer Festigkeit, und alle denkbaren Vieldeutigkeiten spielen herein, ohne jedoch die kinematographische Codifikation unmöglich machen zu können.

In der Wort-Sprache gibt es einen komplexen ‚set‘ von syntagmatischen Merkmalen, weit ausdifferenzierte Paradigmen von Syntagmen und Wörtern: sie sind *homogen* wort-sprachlicher Natur. Das Paradigma der kinematographischen Syntagmen ist ebenfalls endlich, aber weitaus begrenzter und diffuser, weniger genau definiert. Was die Erzeugung von Aussagen betrifft, so erlauben die endlichen Mittel der Wort-Sprache die Bildung einer unendlich großen Anzahl von Sätzen; aber trotz der Unendlichkeit der möglichen Sätze ist jeder einzelne Satz aus dieser Anzahl, sofern er korrekt gebildet ist, ziemlich präzis verstehbar. Die Menge der Signifikanten für den Film ist unendlich, die kinematographischen Syntagmen sind es nicht: die Film-Sprache steht der Generativität der Wort-Sprache nichts nach. Aber die Unschärfe der Beziehung zwischen Signifikant und Signifikat schränkt die Eindeutigkeit der kinematographischen Aussagen wieder ein. Das ist ein Mangel, aber auch ein Reichtum gegenüber der Wort-Sprache. Bei den Wörtern ist die Relation zwischen Signifikant und Signifikat definitiv: der Signifikant vertritt das nicht anwesende Signifikat, er ist allein für das Bedeutete da und gilt selbst nichts; im gleichen Zuge, wie im Lesen die Bedeutung erstellt wird, wird das Bedeutende ausgelöscht. Die Totalität des Zeichens – Signifikant *und* Signifikat – wird fast vollständig vom Signifikat beansprucht, so daß der Signifikant gegen 0 geht. Dieses festgefügte und abgeschlossene Verhältnis (das zugleich eines von Konkretem und Abstraktem ist) kehrt die Kinematographie um: sie löst die strikte und abgeschlossene Relation auf, zieht den konkreten Signifikanten vor und läßt ihn in der Totalität des Zeichens gewissermaßen gegen 1 gehen, während das Signifikat ‚aus dem Gesichtsfeld‘ verschwindet und in den Bildern eine produktive namenlose Tiefe präsent wird. Die Realität des Films selbst stellt sich vor jede bedeutete Wirklichkeit.

Die Kinematographie kann unendlich viele Aussagen erzeugen, aber sie vermeidet, wegen der Unschärfe dieser Aussagen, *neue* Aussagen zu machen; die Kinematographie ist nur am Rande, im einzelnen Film, innovativ und weniger im

Zentrum. Zwar unterscheidet sich jeder Film von allen anderen Filmen durch die spezifisch für einen Film getroffene Auswahl aus den unendlich vielen Codes, die als Signifikanten zur Verfügung stehen, und jeder Film ist ein *singuläres System*[1] – aber die Singularität und die Differenzen sind eher Variationen, die auf etwas Vorgegebenes referieren, als daß sie die Filme der totalen Originalität und Innovation zustreben ließen.

Die Vermeidung von neuen Aussagen hat nicht eine *Verarmung* der Signifikanten zur Folge – im Gegenteil: wenn die Signifikanten präsent sind, die Signifikate dagegen leer und undeutlich werden, so können die kinematographischen Zeichen mit den Vorstellungen der Zuschauer bereichert werden. Anders formuliert: die Signifikanten kommen dem Publikum entgegen, und die Zuschauer können den Film sich anpassen. Der Film hat eine *innere Anschmiegsamkeit* an seine Verbraucher.

Die symbolische Seite des Films steht nur *um eine Idee* über die dokumentarisch-materialhafte Seite über: die symbolischen Konnotate können nicht blindlings über die Denotationen verfügen – denn nur insofern das Dokumentierende eine symbolische Bedeutung verkörpern *kann,* ohne daß die realienhafte Präsenz der Signifikanten zerstört oder, wie in der Wort-Sprache, übergangen würde, vermag dem Film etwas Symbolisiertes abgelesen zu werden. Die Konnotation ist nur eine geringfügige Erweiterung der Denotation, sie hat nicht viel Gewicht und Präzision, und sie ist wenig belastbar. Dennoch kommt es der Kinematographie auf die überstehenden Ideen, auf ein konnotatives Ambiente an, damit der Zuschauer seine subjektive Imagination dem Film zusetzen kann. Die Spannung zwischen Präsenz und Bedeuten lädt einen Film auf, er wird gleichsam zu einer Energiequelle, die der Zuschauer produktiv aufbraucht.

Der Film schöpft die präsentationale Sprach-Form fast aus, und er greift fast auf die repräsentationale Sprach-Form über; keiner gehört er im ganzen zu, und keine verläßt er völlig. Dieser Doppelcharakter macht einen Film zu einem wenig zuverlässigen Mittel, um ‚messages' wirkungsvoll abzuwerfen und die Gehirne der Zuschauer zu kontrollieren. Zugleich macht aber dieser Doppelcharakter das kinematographische Medium vielseitig: es ist gegen Botschaften resistent, aber stößt sie nicht völlig ab, es gibt seine Zeichen für die Formulierung von Bedeutungen her, aber es meint sie nicht ‚in Wirklichkeit' jenseits des Films. Und vor allem vermittelt das Medium eine extreme Erfahrung, deren Realität im Wahrnehmen selbst liegt – ähnlich, wie es in der Musik der Fall ist.

Die Kinematographie läßt einen Film viel mehr für die Menschen *sprechen,* die ihn verbrauchen, als daß der Film *für* jene Leute spräche, die seine Produktion und Konsumtion gestalten.

[1] Die Film-Sprache (langage cinématographique) umfaßt nach Metz einige *General-Codes,* die für alle Filme verbindlich sind und allen Filmen zur Verfügung stehen, und etliche *partikuläre* Codes, die signifikante Varianten, Ausformungen und Zusätze der General-Codes sind – aber bereits jeweils spezifisch für bestimmte Gattungen, Genres usw. Was allerdings von diesen Codes nicht berührt wird, ist die Tatsache, daß jeder Film, auch wenn er film-sprachlich sein muß, ein *singuläres,* von allen anderen Filmen unterschiedenes *System ist.*

2.3. Pier Paolo Pasolini: Es gibt kein Wörterbuch der Bilder

Während die Kommunikationsmittel für den dichterischen und philosophischen Ausdruck höchst ausgebildet sind und ein reales, historisch komplexes und reifes System besitzen, ist die visuelle Kommunikation der Filmsprache ganz roh, ja fast animalisch. Mimik und nackte Realität, ebenso wie Träume und der Mechanismus der Erinnerungen, sind fast vormenschliche Fakten oder stehen doch an der Grenze des Menschlichen. Zumindest sind sie vorgrammatikalisch, ja vormorphologisch (Träume vollziehen sich im Unterbewußtsein, wie die Erinnerungsmechanismen; die Mimik ist Zeichen äußerster Primitivität etc.).

Das linguistische Instrument des Films ist daher irrationeller Art: das erklärt das onirische Wesen des Films und auch seine absolute Ding-Konkretheit. Um mich verständlicher auszudrücken: jedes System von Wortzeichen ist in einem Wörterbuch gesammelt und verschlossen. Darüber hinaus gibt es nur die Mimik, die die Zeichen im Sprachgebrauch begleitet.

Jeder von uns hat also ein Wörterbuch im Kopf, das dem Zeichensystem seines Bildungsniveaus und seiner Nation entspricht. Es ist zwar lexikalisch unvollständig, aber perfekt im praktischen Gebrauch. Die Arbeit des Schriftstellers besteht darin, diesem Wörterbuch Worte zu entnehmen, wie Gegenstände aus einem Schrank, und sie zu einem besonderen Zweck zu verwenden: besonders im Sinne des historischen und persönlichen Sprachstatus. Daraus ergibt sich eine erhöhte Geschichtlichkeit des Wortes, das heißt eine Bedeutungssteigerung.

Zukünftige Wörterbücher würden durch diesen „Privatgebrauch des Wortes" des Schriftstellers bereichert werden. Die Ausdrucks- und Erfindungskraft des Schriftstellers erhöhen also Geschichtlichkeit und Qualität der Sprache. Er arbeitet an der Sprache als linguistisches Werkzeug und als kulturelle Tradition, er vertieft die Bedeutung des Zeichens. Das Zeichen war da, eingeschlossen im Wörterbuch und bereit zum Gebrauch.

Für den Filmautor ist der im Wesen verwandte Vorgang viel komplizierter. Es gibt kein Wörterbuch der Bilder. Es gibt kein gebrauchsfertiges, konserviertes Bild. Ein Bildlexikon wäre unendlich, wie auch das Lexikon der möglichen Worte unendlich bleibt. Der Filmautor besitzt also kein Wörterbuch, sondern unbegrenzte Möglichkeiten: er nimmt seine Zeichen (Bildzeichen) nicht aus dem Schrank, dem Koffer oder einem Safe, sondern aus dem Chaos, in dem sie nur vage Möglichkeiten sind oder Schatten einer mechanischen und onirischen Kommunikation.

Der Filmautor muß also eine doppelte Arbeit leisten:

1. Er muß das Bildzeichen aus dem Chaos nehmen, es möglich machen und versuchen, es in einem Lexikon der Bildzeichen einzuordnen.
2. Er muß den Arbeitsvorgang des Schriftstellers vollziehen: dem rein morphologischen Bildzeichen individuellen Ausdruck verleihen.

Während also der Schriftsteller eine ästhetische Schöpfung liefert, ist die Arbeit des Filmautors zunächst linguistisch und erst in zweiter Linie ästhetisch. In den rund 50 Jahren seit der Erfindung des Films hat sich zwar eine Art Filmlexikon und damit eine Konvention entwickelt, die aber kurioserweise primär stilistisch und dann erst grammatikalisch ist. (Zum Beispiel im Bild von Zugrädern, die zwischen Dampfwolken rollen: das ist keine Syntax, sondern Stilisierung.) Dafür hat der Filmautor nicht mit einer jahrhundertealten stilistischen Tradition zu tun. Die Filmtradition ist nur ein paar Jahrzehnte alt: er läuft also kaum das Risiko, sein Publikum durch den Widerspruch mit einer Konvention zu skandalisieren. Sein „geschichtlicher Beitrag" zum Bildzeichen bezieht sich auf Bildzeichen von kürzester Lebensdauer. Daraus stammt wohl die Vorstellung von der Labilität des Films. Seine grammatikalischen Zeichen sind Gegenstände einer jeweils chronologisch ausverkauften Welt: die Mode der 30er Jahre, die Motorfahrzeuge der 50er Jahre . . .: es sind alles „Dinge" ohne Etymologie oder vielmehr, ihre Etymologie drückt sich in dem zu ihnen gehörigen Wortsystem aus.

2.4. Christian Metz: Probleme der Denotation im Spielfilm

Die Kinosequenz ist sicher eine reale Einheit, d. h. eine Art *solidarisches Syntagma* innerhalb dessen die „Einstellungen" (semantisch) aufeinander wirken. Dieses Phänomen erinnert in gewisser Weise an die Art des Aufeinanderwirkens der Wörter in einem Satz. Daher bezeichneten auch die ersten Theoretiker des Kinos die „Einstellung" als Wort und die Sequenz als Satz. Aber diese Vergleiche waren ganz unzutreffend; man kann nämlich mit Leichtigkeit *fünf gravierende Unterschiede* zwischen der filmischen „Einstellung" und dem linguistischen Wort hervorheben:

1. Die Zahl der möglichen Einstellungen ist unendlich im Gegensatz zu der Zahl der Wörter in einer Sprache. Unbeschränkt groß ist nur die Zahl der in einer Sprache formulierbaren Aussagen.
2. Die Einstellungen werden vom Filmemacher erfunden, im Gegensatz zu den Wörtern, die bereits im Lexikon existieren. Nur die Aussagen sind im Prinzip Erfindungen des Sprechers.
3. Die dem Empfänger einer Einstellung gelieferte Informationsmenge ist unbestimmt groß, nicht aber die von einem Wort gelieferte. Unter diesem Gesichtspunkt entspricht also die Einstellung nicht einmal einem Satz, sondern einer *komplexen Äußerung von unbestimmter Länge* (Beispiel: wie soll man eine Filmeinstellung mit Hilfe einer natürlichen Sprache vollständig beschreiben?).
4. Die Einstellung ist eine aktualisierte Einheit, eine Einheit der Rede, eine Behauptung, das Wort ist dagegen eine rein potentielle (lexikalische) Einheit. Nur die Äußerung bezieht sich immer auf etwas Reales (selbst wenn sie fragenden oder befehlenden Charakter hat). Das Bild eines Hauses bedeutet nicht „Haus", sondern eher „Hier ist ein Haus", denn aufgrund der Tatsache, daß es in einem Film vorkommt, enthält das Bild eine Art Aktualisierungsindex.
5. Eine Einstellung erhält ihren Sinn nur in schwachem Maße durch die paradigmatische Opposition mit anderen Einstellungen, die an dem gleichen Punkt der Kette hätten erscheinen können (weil diese ihrer Zahl nach ja beliebig groß sind). Beim Wort aber spielt diese Opposition eine entscheidende Rolle; denn ein Wort ist immer Teil von semantischen Feldern, die mehr oder weniger gut organisiert sind. Das linguistische Phänomen, daß die präsenten Einheiten durch die absenten erhellt werden, spielt im Kino eine geringe Rolle. Das bestätigt aus semiologischer Sicht eine Feststellung, die die Filmästhetiker

schon oft gemacht haben: Das Kino ist eine „Kunst der Anwesenheit" (durch die Macht des Bildes, das alles außer sich selbst „unterdrückt").

Die „Einstellung" im Film ist also eher einer Äußerung als einem Wort *ähnlich*. Es wäre jedoch falsch zu sagen, daß die Einstellung im Film einer linguistischen Äußerung *äquivalent* sei. Es bestehen zwischen ihnen große Unterschiede. Selbst die komplexeste Äußerung ist letztlich *reduzierbar* auf diskrete Einheiten (Wörter, Morpheme, Phoneme, relevante Züge), die in ihrer Anzahl und ihrem Wesen festgelegt sind.

Die Einstellung im Film resultiert natürlich auch aus einer *Anordnung* verschiedener Elemente (z.B. die verschiedenen visuellen Motive, die in einem Bild vorkommen; dies wird häufig *innere Montage* genannt), doch diese Elemente sind in ihrer Zahl und ihrem Wesen unbestimmt, so wie auch die Einstellung selbst. Die Analyse einer Einstellung besteht darin, von einem nicht-diskreten Ganzen zu einem kleineren nicht-diskreten Ganzen überzugehen: man kann eine Einstellung zwar *zerlegen*, jedoch nicht *reduzieren*.

Die einzige Behauptung, die man aufrechterhalten kann, ist die, daß eine Einstellung einer Äußerung weniger *unähnlich* ist als einem Wort, ohne jedoch dabei einer Äußerung zu gleichen.

2.5. Gunter Schanz: Filmsprache und Filmsyntax

Zweifellos zeigen Wörter und Sätze nicht die Dinge oder Vorgänge selber, so wie es die Bilder – scheinbar – tun, sondern geben einen allgemeinen Begriff von ihnen. Gerade mittels dieser allgemeinen Bedeutung können die Wörter/Sätze sich auf konkrete Dinge/Vorgänge beziehen. Vermutlich gehört sogar zu dieser allgemeinen Bedeutung ein bildähnliches Element, nämlich die *Vorstellung*, die man bei einem Wort oder einem Satz hat. Wenn man z.B. sagt: ‚Ein Mann läuft die Straße runter', so hat man dabei wohl die Vorstellung von einem Mann, der eine Straße runter läuft.

Aber auch ein Film zeigt einen Vorgang nicht ‚so, wie er ist', sondern auf eine ganz bestimmte Weise, mit ganz bestimmten Mitteln. Nehmen wir als Beispiel den Vorgang, der durch den Satz ‚ein Mann läuft die Straße runter' ausgedrückt wird. Wenn dieser Vorgang ‚so wie er ist' gezeigt würde, dann müßte er von Anfang bis Ende ohne Unterbrechung gezeigt werden. Aber von welchem Platz aus müßte er aufgenommen werden? Doch wohl von dem, den ein ‚natürlicher' oder ‚normaler' Beobachter des Vorgangs einnehmen würde. Aber wo ist dieser Standort des ‚normalen Beobachters'? Auf der Straße, im dritten Stock, vor oder hinter dem laufenden Mann, in der Nähe oder weit weg? Und sieht der ‚normale Beobachter' den Vorgang auch tatsächlich in seiner ganzen Länge?

Diese Fragen zeigen, daß es unmöglich ist, den Vorgang zu zeigen ‚so wie er ist'. Wenn man den Standpunkt des normalen Beobachters unterstellen würde, käme man zu filmischen Teiltexten, die so zu beschreiben sind [. . .]:

(1) Die Kamera steht starr in ziemlich großer Entfernung von dem Vorgang, ungefähr im rechten Winkel zur Laufrichtung, so daß der Mann von einer Seite zur anderen durch das Bild durchläuft.

(2) wie (1), aber: die Kamera befindet sich näher bei dem Vorgang, so daß sie die Bewegung des Mannes als Schwenk mitmachen muß.

(3) Die Kamera steht starr in größerer Entfernung in der Laufrichtung vor oder hinter dem Mann, so daß er ‚ins Bild läuft' oder ‚aus dem Bild herausläuft'.

Ähnlich wie in der Wortsprache der ganze lebendige Vorgang auf die Bestimmungen ‚ein Mann', ‚laufen' und ‚die Straße runter' verkürzt wird, so kann man auch im Film den Vorgang darstellen, indem man bestimmte Ausschnitte aus ihm zeigt. Dies könnte filmische Teiltexte ergeben, die so zu beschreiben sind:

(4) Die Kamera zeigt von vorn den rhythmisch sich bewegenden Kopf eines angestrengt atmenden Mannes – das kann im Studio aufgenommen sein! – und dann von der Seite laufende Beine vor dem Hintergrund vorbeiziehender Häuser; beides in Großaufnahme.

(5) Die Kamera zeigt den laufenden Mann von vorn mit Teleobjektiv, so daß dieser das ganze Bild ausfüllt; Zeitlupe.

(6) Die Kamera zeigt eine in das Bild ‚hineinfließende' Straße, so wie der laufende Mann die Straße vor sich sehen würde.

Mit diesen Beispielen sollte deutlich gemacht werden: Filme sind keineswegs bloß ‚technische Reproduktionen von natürlichen Wahrnehmungen', wie oft gesagt wird. Sondern sie zeigen das, was sie zeigen, auf eine bestimmte *Weise,* mit bestimmten *Mitteln* und [. . .] in einer bestimmten *Absicht.*

Um zu zeigen, daß Filme visuelle Äußerungen sind, haben wir Möglichkeiten angegeben, wie ein elementarer Sprechakt – nämlich die Behauptung ‚ein Mann läuft die Straße runter' – in Bilderfolgen übersetzt werden kann. Wir konnten so aber *nicht* zeigen, daß es auf der visuellen Ebene genau einen elementaren Sprechakt gibt, der dem Aussagesatz ‚ein Mann . . .' entspricht. Denn wenn man den umgekehrten Weg geht: von den Bildern zu den Wörtern, dann besteht keine Notwendigkeit, die filmischen Teiltexte (1) bis (6) gerade in den Aussagesatz ‚ein Mann . . .' zu übersetzen. Genauso gut könnte man detailliert beschreiben, was man in den Bilderfolgen sieht. Man käme dann zu Beschreibungen wie:

(1') Ein Mann setzt ein Bein vor das andere, er tut dies ziemlich schnell. Er hat . . . an. Er hat die Arme angewinkelt. Jetzt bewegt er sich an einem älteren Mann vorbei, der in der Tür eines kleinen Obstladens steht . . .

(4') Der Kopf eines Mannes, der schnell die Luft einzieht und ausstößt, bewegt sich rhythmisch im Bild auf und ab . . .

Diese Detailbeschreibungen wären aber unsinnig. Denn zum einen könnte man sie ins Unendliche fortsetzen – zum Beispiel bis zur Farbe eines bestimmten Apfels im Schaufenster des Obstladens –, zum andern wäre man gezwungen, Einzelheiten nacheinander zu beschreiben, die in den Bildern gleichzeitig vorkommen und die man auch gleichzeitig wahrnimmt. Es gibt also keine 1:1-Übersetzung eines Aussagesatzes in die visuelle Ebene, weil es auf der visuellen Ebene nicht die Möglichkeit gibt, analog zu Wörtern Vorgänge usw. verallgemeinernd zusammenzufassen. Ein filmischer Teiltext zeigt immer mehr als in einer wortsprachlichen Beschreibung davon sinnvollerweise gesagt werden kann. *Während visuelle Äußerungen durch sinnlich wahrnehmbare Einzelheiten allgemeines ausdrücken, beziehen sich sprachliche Ausdrücke mittels allgemeiner Bedeutungen auf konkrete Dinge usw.*

2.6. Jan-Marie Peters: Zweierlei Filmsprache

Die Bedeutung eines Filmbildes oder einer Reihe von Filmbildern ist die Bedeutung der Abbildungsschicht oder des Kamerablicks. Es gibt jedoch [. . .] auch Filmbilder, die nicht als ein Blick der Kamera auf die Wirklichkeit vor der Kamera aufgefaßt werden können. Der Kamerablick kann in den aufgenommenen Objekten völlig verschwinden, wodurch diese Objekte Bild-*Symbole* werden. In diesem Fall ist das Filmbild keine leere Form mehr, der Wirklichkeit außerhalb des Filmbildes wird eine Bedeutung zugeordnet. Sie ist bei einem Filmbild oder bei einer Reihe von Filmbildern, was dieses Bild oder diese Bilderreihe symbolisiert. Wohlgemerkt: es geht hier nicht um das, was die Vorstellungsschicht des Bildes symbolisiert, sondern um das, was das Bild als eine Einheit von Abbildungsschicht und Vorstellungsschicht symbolisiert.

Das ist ein begriffliches ‚Sprechen' mit Filmbildern. Statt eines perzeptuellen Urteils über die Wirklichkeit vor der Kamera, formulieren diese Filmbilder eine abstrakte Idee. Das einzelne Bild ist nicht länger Syntagma; es kann nur in Verbindung mit anderen Bildern wieder etwas mitteilen. Außerdem kann gerade das Zusammengehen zweier oder mehrerer Bilder den Kamerablick verschwinden lassen. Am deutlichsten verliert eine Bilderreihe ihre Perspektivität (Bilder sind perspektivisch, solange der Kamerablick losgelöst bleibt von den dargestellten Objekten), wenn die Dinge, die in den einzelnen Bildern dargestellt sind, keine einzige zeitliche oder räumliche Beziehung mehr zueinander haben. Der Zuschauer ist dann wohl gezwungen, irgendeine Beziehung hineinzu*lesen,* die Bilderreihe als die Veranschaulichung einer Idee aufzufassen. Die Aufeinanderfolge mehrerer Bilder, die der Zuschauer nicht als Momente eines zeiträumlichen Ganzen sehen kann, veranlaßt ihn, eine nicht-physische Beziehung zwischen diesen Bildern ausgedrückt zu sehen.

Diese nicht-physische, gedankliche Beziehung kann auch zwischen zwei Bilderreihen mit jeweils normaler filmsyntagmatischer Struktur entstehen. So können einzelne Spielfilmszenen mit Einzelaktionen, dargestellt als ununterbrochene zeiträumliche Vorgänge, zusammen eine nicht-physische Beziehung ausdrücken.

Von irgendeiner Systematik dieser Symbolisierungsprozesse kann keine Rede sein, und zwar einfach deshalb nicht, weil es keine festen Formen oder Formkomplexe gibt. Es handelt sich um Filmbilder als solche, nicht um die regelmäßig zurückkehrenden leeren Formen des Kamerablicks. Deshalb gibt es so viele Bilder wie Aufnahmen gemacht werden. Deshalb können wir in diesem Falle mit Metz von einer „langage sans langue" sprechen, aber nur in diesem Fall. Die Systematik der leeren Formen, mit denen der Kamerablick Bedeutungen ausdrücken kann, gibt uns das Recht, von einer Filmsprache (‚langue') als von einem Zeichensystem zu reden. Man müßte also eine Filmsprache I (die eine „langue" ist) unterscheiden von einer Filmsprache II (die nur eine „langage" ist). Daß beide durcheinander in einem Film verwendet werden, ändert nichts am Wert dieser Unterscheidung. Sie löst übrigens manche Schwierigkeiten, die Metz und andere (z. B. Pasolini) bei ihrer Theoriebildung haben.

Die Filmsprache I, so kann man jetzt sagen, steht immer im Dienste der erzählten Geschichte, einer Geschichte, die unabhängig ist von der Kamerahandlung desjenigen, der *über* diese Geschichte etwas erzählt. *Weil* die abgebildete

Handlung (die Geschichte) losgelöst bleibt von der Kamerahandlung, kann man in den ‚Sätzen' der Filmsprache I nur *über* die abgebildete Handlung erzählen, was auf eine *Interpretation* der abgebildeten Geschichte hinausläuft. „Interpretation" bedeutet hier Entzifferung, Analyse, Aufklärung, Erläuterung. Diese Interpretation kann zu einem außergewöhnlich interessanten und subtilen Erzählstil führen, aber keine neue Geschichte erfinden, *kreieren.* Die Geschichte war schon da, bevor eine Kamera hinzukam, und die Kamera tut nicht viel mehr (das kann jedoch schon sehr viel sein), als das schon Vorhandene zu interpretieren.

Eine Geschichte *kreieren,* eine Handlung oder Situation erzeugen, die es außerhalb des Films noch nicht gibt, das kann man nur mit der Filmsprache II. In der Filmsprache II erzählt man nicht (etwas) *über* eine Geschichte, sondern erfindet eine Geschichte, bringt eine Geschichte zur Sprache. Die Unterscheidung zweier Filmsprachen schließt die Unterscheidung zweier Montagearten ein. Montage bei Filmsprache I ist eine Sache des Ordnens von Kamerablicken (leeren Formen), Montage bei Filmsprache II hat mit der Ordnung von Filmbildern in ihrer Totalität zu tun. Die oft so betonten Unterschiede zwischen den Montage-Auffassungen eines Pudowkin und eines Eisenstein sind größtenteils auf einen Unterschied zwischen diesen beiden Formen von Montage zurückzuführen: Bei Pudowkin handelt es sich hauptsächlich um Montage in der Filmsprache I, wofür man den Ausdruck „Decoupage" verwenden sollte. Bei Eisenstein, der selbst mehrmals Ausdrücke wie „assoziative" Montage, Ideen-Montage und ideologische Montage verwendet, geht es vielmehr um Montage in der Filmsprache II, wofür man dann den Ausdruck „Montage" beibehalten kann.

2.7. Knut Hickethier: Lexikon der Grundbegriffe der Film- und Fernsehsprache

Ein Film besteht aus einer Vielzahl von Einzelbildern, aus deren rascher Abfolge der Eindruck einer Bewegung entsteht. Bei der Film- und Fernsehanalyse gilt jedoch nicht das Einzelbild als kleinste Einheit, von der auszugehen ist, sondern die *Einstellung.*

Als Einstellung bezeichnen wir die Einheit, die durch zwei Schnitte begrenzt ist oder durch Blenden, und die einen einheitlichen Kamerablick hat.

Die folgenden Kategorien beziehen sich nicht auf die Einstellung allein, sondern auf das Verhältnis des Zuschauers zur Einstellung, weil der Zuschauer nur sieht, was ihm durch die Kamera gezeigt wird. Er sieht nur den Ausschnitt an Wirklichkeit, den ihm die Kamera vorführt. So wie an der Einstellung gezeigt werden kann, welches Verhältnis die Kamera zum Dargestellten hat, kann auch festgestellt werden, was die Absicht des Filmemachers war, was für einen Ausschnitt er dem Zuschauer zeigen will, welche Rolle er ihm zugedacht hat.

Die folgenden Kategorien sind an der Darstellung der menschlichen Person gewonnen.

I. Einstellungsgröße

In der Film- und Fernsehanalyse werden acht Einstellungsgrößen unterschieden:

- Detail (D)
- Groß (G)
- Nah (N)
- Amerikanisch (A)
- Halbnah (HN)
- Halbtotal (HT)
- Total (T)
- Weit (W)

1. Detail (D)

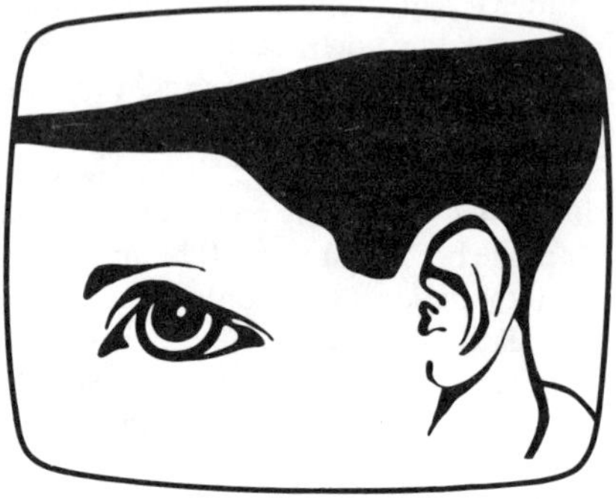

- Ein kleiner Ausschnitt eines Gegenstands oder eines Menschen wird gezeigt. Da die Kamera sehr nah an ihren Gegenstand herangeht, vermittelt sie auch dem Zuschauer ein Gefühl der Intimität, der Nähe.
- Sie kann neben positiven Assoziation auch abstoßend wirken; je nach dem Kontext und dem dargestellten Gegenstand (z.B. schwitzende Politiker, oder in Buñuels „Andalusischer Hund", wo ein Messer in einer (D)-Einstellung in einem lebenden Gesicht ein Auge durchschneidet).
- In der (D)-Einstellung sieht man den Gegenstand sehr genau, was aber nicht heißt, daß man ihn auch richtig sehen muß. Dazu muß der Zuschauer auch den Zusammenhang sehen können, erst dann kann er sich wirklich ein „Bild" machen.

2. Groß (G)

- Ein Mensch wird von den Schultern aufwärts gezeigt. (Paßfoto-Größe)
- Häufige Verwendung in Gesprächssituationen, weil sie den „Gesichtskreis", die vielsagende Mimik beim Sprechen zeigt.

3. Nah (N)

- Brustbild. Der Hintergrund, vor dem sich die Person bewegt, ist schon erkennbar.
- Der Kopf beherrscht aber auch hier noch das Bild. Kleidung, Schmuck etc. können ihn charakterisieren.

4. Amerikanisch (A)

- Diese Einstellung zwischen Nah und Halbnah zeigt eine Person bis unterhalb der Hüften, bis dorthin, wo beim Westernhelden der Colt sitzt. Im Showdown (Duell als Höhepunkt des Western) ist die Linie zwischen Blick und Handbewegung vom Colt entscheidend.
- Ohne daß von der Aktion abgelenkt wird, kann hier das Verhältnis zum Gegner, der Umraum dargestellt werden.
- (A)-Einstellung ist charakteristisch für die individuelle Aktion, vor allem für Arme und Hände.

5. Halbnah (HN)

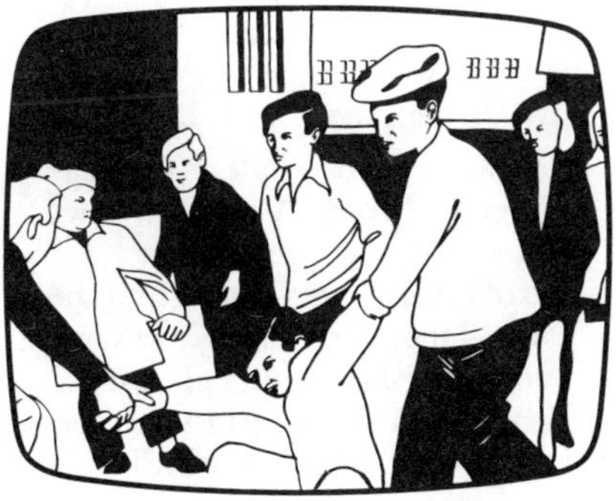

- Zeigt den Menschen etwa von den Knien an aufwärts.
- Sie gibt einen wesentlich mehr räumlich orientierten und im Raum orientierenden Eindruck. Gespräche können gezeigt werden, wobei hier stärker als das Gespräch die Gesprächs*situation* im Vordergrund steht.

6. Halbtotal (HT)

- Der Gegenstand oder die Person ist vom Zuschauer entfernt; eine Distanz zum Geschehen ist hergestellt.
- Die Gestik tritt in den Vordergrund. Menschen oder Gegenstände werden in einer sie und ihre Situation charakterisierenden Umgebung gezeigt.

7. Total (T)

- Ein Überblick wird gegeben, ein Eindruck des Ganzen vermittelt.
- Die Einstellung gibt zu allererst die räumliche Orientierung, die nötig ist, wenn sich die Handlung bald in eine Reihe von (N)-oder (G)-Einstellungen auflösen sollte.
- Die (T)-Einstellung gibt dem Zuschauer den räumlichen Plan vom Geschehen, den er vor Augen haben wird, auch wenn er in den nächsten Einstellungen vom Ort der Handlung nicht mehr viel zu sehen bekommen sollte.

8. Weit (W)

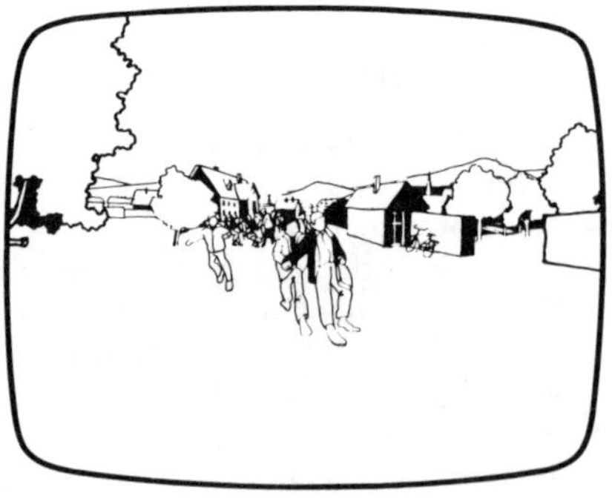

- Während (T) noch die Aufgabe hat, die Übersicht zu zeigen, zeigt (W) Weite, Landschaft an sich, Panorama, Meer, Alpen, Skyline, Sonnenauf- und -untergänge etc.
- Extremstes Gegenstück zur (D)-Einstellung, wird häufig mit symbolischer Funktion eingesetzt. Z.B. in den Anfangseinstellungen von „Spiel mir das Lied vom Tod".

Übersicht

(D)	symbolische, atmosphärische Aussageebene
(G) (N)	mimische Handlungsebene
(A)	gestische Handlungsebene
(HN) (HT) (T)	situationsbezogene Handlungsebene
(W)	symbolische, atmosphärische Aussageebene

II. Einstellungssperspektive

Im allgemeinen werden drei Einstellungsperspektiven unterschieden, die jeweils ein Extrem bezeichnen:
- Normalsicht (Augenhöhe)
- Froschperspektive (extreme Untersicht)
- Vogelperspektive (extreme Aufsicht)

1. Normalsicht

Da der „Kamerablick" einer bestimmten Sichtweise entspricht, wird als „Normalsicht" zunächst jene gelten, durch die normalerweise die Welt gesehen und dargestellt wird, d.i. die Sicht des normal erwachsenen Menschen. Wie wenig „normal" diese ist, wird z.B. bei Kinderfilmen deutlich, die in dieser „Normalsicht" aufgenommen sind, die jedoch nicht die der Kinder ist.[1]

2. Froschperspektive

Kamerablick von unten nach schräg oben. Extrem angewandt, wirkt sie häufig karikierend, sie kann aber auch einen ehrfurchterweckenden, beängstigenden Eindruck vermitteln und den Betrachter so in die Rolle des Unterlegenen drängen.

3. Vogelperspektive

Bei der Aufsicht befindet sich die Kamera immer in einer höheren Position als der dargestellte Mensch, dies bringt eine größere Übersicht, Überlegenheit, mit sich, da die Personen gezwungen sind, zur Kamera aufzublicken. Da die Kamera der

[1] Vgl. dazu den Bericht von *Rainer Döring, Elisabeth Spethmann, Wolfgang Stritter:* Schülerladen- und Obdachlosenkinder filmen eine Tankstelle. Beobachtungen zum Problem schichtenspezifischer Wahrnehmung. In: Ästhetik und Kommunikation 6 (1975), Heft 20, S. 75–80.

Mittler für die Sicht des Zuschauers ist, meint dieser, es werde zu ihm aufgeblickt, so daß sich beim Zuschauer ein Gefühl der Überlegenheit einstellen kann.

Alle hier angeführten Bedeutungszuweisungen gelten nur ungefähr, als grobe Richtungen, sie werden genau bestimmt durch den Kontext in dem sie verwendet werden, durch den Inhalt den sie vermitteln. Sie dürfen deshalb nie nur formal, sondern immer nur in Bezug zum Inhalt gesehen werden.

III. Kamerabewegungen

Die bisherigen Begriffe bezogen sich auf das Bild, dessen Kamerablick relativ unverändert im Rahmen bestimmter Grenzen blieb. Das „Filmische" besteht aber auch gerade darin, daß mit der Kamera Bewegungen von Personen oder Gegenständen gezeigt werden, denen die Kamera mitunter auch folgt oder die sich vor der Kamera bewegen.

Daß die Kamera bewegt werden kann, bedeutet, daß das Zuschauen zu einer Art Aktion werden kann. Dem Zuschauer bleibt nichts anderes übrig, als – scheinbar – die Kamerabewegungen mitzumachen, er wird in das Handlungsgeschehen einbezogen.

1. Kamerabewegung: Stand

Die Kamera nimmt ein Objekt aus ein und derselben Perspektive, in ein und derselben Größe auf. Keine Bewegung.

2. Kamerabewegung: Schwenk

Eine Kamerabewegung analog zur Bewegung mit dem Kopf. Bei jedem Schwenk verändert sich der Ausschnitt, den die Kamera zeigt.

3. Kamerabewegung: Fahrt

Hier ist die Kamerafahrt mit einer Bewegung des ganzen Körpers vergleichbar, sie kann auch den Eindruck erwecken, mit einem Fahrzeug zu fahren. Dementsprechend gibt es verschiedene Fahrten: *Zufahrt* oder auch *Ranfahrt, Rückfahrt, Parallelfahrt, Aufzugsfahrt, Verfolgungsfahrt.*

- Sonderfall: *Zoom.* Durch eine Veränderung der Brennweite des Objektivs kann erreicht werden, daß der zu filmende Gegenstand größer bzw. kleiner wird, wodurch der Eindruck größerer Nähe oder Entfernung entsteht. Die Kamera verläßt dabei jedoch ihren Platz nicht.
- Sonderfall: „*subjektive Kamera*". Der Kameramann nimmt dabei keine Rücksichten auf gezielt ausgewählte Einstellungsgrößen oder Perspektiven. Er geht mit einer Kamera auf der Schulter genauso durch die Gegend, als habe er gar keine vor Augen. Dadurch entsteht ein hektischer Eindruck. Spannende Massenszenen, Demonstrationen etc. werden oft so gefilmt. Der Zuschauer soll den Eindruck gewinnen, er sei am Geschehen unmittelbar beteiligt.

IV. Objektbewegungen

Drei Grundmöglichkeiten der Objektbewegung vor der Kamera:
- die Bewegung führt in das Bild hinein (vom Zuschauer weg)
- sie führt nach vorn aus dem Bild heraus (auf den Zuschauer zu)
- sie verläuft parallel zum unteren Bildrand, von rechts nach links und umgekehrt (am Zuschauer vorbei).

Die Bewegungen der Kamera und der handelnden Personen können als Bewegungen auf *Achsen* beschrieben werden: Das Sehen durch die Kamera geschieht auf der *Kameraachse,* die Handlung verläuft auf der *Handlungsachse.*

Die Rolle, die das Verhältnis von Handlungsachse und Kameraachse spielt, wird am deutlichsten, wenn beide identisch sind, beide auf einer Achse liegen. Das ist z.B. dann der Fall, wenn die Ansagerin oder der Tagesschausprecher den Zuschauern tief in die Augen blickt. Ihre Handlungsachse (Blickrichtung) liegt auf derselben Ebene wie die des Zuschauers; die Blicke scheinen sich zu begegnen, wir fühlen uns direkt angesprochen, direkt in ihre Handlung einbezogen.

Achsensprung

In einer Gesprächssituation ist die Kamera so aufgebaut, daß der Zuschauer sich senkrecht zur Handlungs-(Gesprächs-)Achse befindet. Auf diese Weise kann er klar feststellen, wer rechts und wer links sitzt, und den Sprechenden identifizieren. Plötzlich ist es jedoch genau umgekehrt die Seiten sind vertauscht, weil die Kamera ihren Standort vertauscht hat. Sie blickt zwar wieder senkrecht auf die Gesprächsgruppe, diesmal jedoch von der anderen Seite, d.h. sie hat die Handlungsachse übersprungen. Der Zuschauer ist dadurch gezwungen, sich wieder neu im Raum zu orientieren. Geschieht das öfter und sehr schnell, kann es zur Verwirrung des Zuschauers beitragen und dadurch Spannung erhöhen.

In suggestiven Bildszenen kann der Zuschauer auf diese Weise auch zwischen die Gesprächspartner eingeklemmt werden, er befindet sich so scheinbar wirklich mitten im Geschehen.

V. Montage

Entscheidend dafür, ob die einzelne Einstellung eigenes Gewicht bekommt, ist die *Länge* der Einstellungen. Sie gibt auch dem Film einen bestimmten Rhythmus. Im allgemeinen gilt, daß ein häufiger Wechsel von Einstellungen mit kurzer Dauer eher einer subjektiven Darstellungsweise zuzurechnen ist, während wenige lange Einstellungen dem Betrachter mehr Zeit geben, genauer hinzusehen und sich ein „Bild“ zu machen.

Als Möglichkeit der Verbindung von Einstellungen bestehen der *Schnitt* und die *Blende.* Beim Schnitt setzt eine Einstellung unmittelbar an der anderen an. Bei der Blende gibt es verschiedene Möglichkeiten, einen weichen, vermittelten Übergang zwischen den Einstellungen herzustellen, z.B. Abdunkeln, doppelt belichten etc.

Als Montage bezeichnet man die Verknüpfung von mindestens zwei Einstellungen durch Schnitt oder Blende. Montage ist die „Organisation der Bilder in der Zeit“ (Bazin). Die Geschichte des Films hat zwei große Tendenzen der Verwendung der Montage hervorgebracht:

1. Der sogenannte unsichtbare Schnitt

Gemeint ist ein möglichst unmerkbarer Schnitt. Er wird heute in den meisten Unterhaltungsfilmen als gewöhnliches und hauptsächlichstes Schnittprinzip angewendet.

Er wurde vor allem in den Kinofabriken Hollywoods besonders gepflegt. Die Montage wurde hier von Cuttern besorgt, die bei den großen Filmkonzernen festangestellt waren; die Regisseure hatten hier kaum Einfluß auf den Schnitt. Der Schnitt wurde hier nicht als ein bewußtmachendes Mittel eingesetzt, sondern er hatte nur den Fluß der Erzählung zu fördern. Das US-Kino ist dementsprechend ein Erzählkino. Die Montagenormen der einzelnen Firmen waren nur von ganz geringer Unterschiedlichkeit, es entstand dadurch ein Einheitsstil.

2. Montage als Ausdrucksmittel

Sie wurde vor allem in den 20er Jahren kultiviert. Die durch den Schnitt möglichen Aussagen und Aussageveränderungen haben Theoretiker und Praktiker immer wieder fasziniert. Vor allem die großen Filmregisseure Eisenstein, Pudowkin, Vertov, Kuleschow, Griffith, Gance usf. haben sich um die neuen Ausdrucksmöglichkeiten der Montage bemüht.

Montagetheorien wurden von den verschiedensten Theoretikern formuliert. Prinzipiell läßt sich keine vollständige Liste von Unterscheidungen von Montageformen aufstellen. Arnheim unterscheidet 4 Montageformen, Pudowkin 5, Timoschenko 15. Kämmerling hat durch die Anwendung rhetorischer Kategorien 12 Grundtypen aufzustellen versucht.

VI. Sequenzen

Als Sequenz bezeichnet man den Teil des Films, dessen Einstellungen in einem örtlichen oder gedanklichen Zusammenhang miteinander bestehen. Malraux nennt die Sequenz eine *„Handlungseinheit“*.

Zur Unterscheidung von verschiedenen Möglichkeiten der Sequenzen hat sich in der Filmliteratur die Klassifikation von Christian Metz als die brauchbarste eingebürgert. Sie soll in ihren Grundbestandteilen hier kurz skizziert werden.

Metz benutzt für die Bezeichnung der Handlungseinheit den Begriff *„Syntagma“* (in der Sprachwissenschaft: syntaktisch gefügte Wortgruppe – Satz).

1. Autonome Einstellung – Plansequenz

Die Plansequenz ist eine Sequenz, die nur aus einer Einstellung besteht. Eigentlich ist sie kein Syntagma dem Wortsinn nach, weil sie nichts miteinander verknüpft,

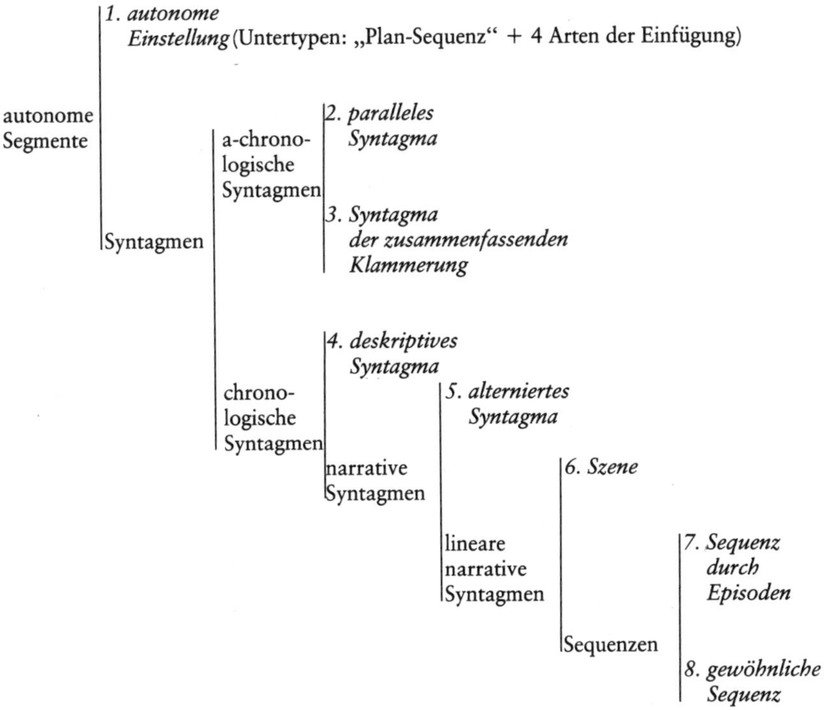

sondern weil sie nur aus *einem* Segment besteht. Die Einstellung vermag hier eine Handlungsepisode darzustellen. Beispiel: Warhol-Filme, die nur aus einer Einstellung bestehen.

A-chronologische Syntagmen:

2. Paralleles Syntagma

Hier werden mehrere Themen oder Aktionen so miteinander verbunden, daß sie einen Sinnzusammenhang eingehen, unabhängig von ihren lokalen und zeitlichen Eigenheiten. Im Sinne eines „geflochtenen Zopfes“: Bilder aus dem Leben der Reichen, Bilder aus dem Leben der Armen, Bilder aus dem Leben . . . usf.

3. Syntagma der zusammenfassenden Klammerung

Es umfaßt mehrere Einstellungen ohne einen durch die Zeit hergestellten Zusammenhang. Dieser wird auch nicht durch einen Parallelismus hergestellt, sondern durch einen Tatbestand, den die einzelnen Einstellungen aspektieren, illustrieren, den sie andeuten und auf den sie von verschiedenen Standorten aus verweisen.

Zahlreicher sind die chronologischen Syntagmen:

4. Deskriptives Syntagma

Ist das Verhältnis zwischen allen Motiven mehrerer Einstellungen das der Gleichzeitigkeit, hat man es mit einem beschreibenden chronologischen Segment zu tun. Es wird auf unbewegte Gegenstände, Umgebungen angewendet.

Beispiel: Hollywood: Eine leere Goldgräberstadt aus Holz, Kleister und Pappe / Ein Stück windige Straße / Eingang zum Saloon / Giebel, Dächer / usf.

5. Alterniertes Syntagma

Durch den Wechsel in der Montage werden zwei oder mehrere Ereignisse so dargestellt, daß innerhalb jeder Serie die Beziehungen der Nachfolge eingehalten werden, aber zwischen den Serien Gleichzeitigkeit herrscht. (Wechsel der Bilder = Gleichzeitigkeit der Tatsachen).

6. Szene

In ihr folgen die Ereignisse kontinuierlich aufeinander (Ähnlichkeit mit Szenen im Theater oder im alltäglichen Leben). Die Einheit von Ort, Zeit und Aktion wird nicht gestört.

Beispiel: „Frühschoppen" (ARD).

7. Die gewöhnliche Sequenz

Werden für die erzählte Geschichte weniger interessante Vorgänge übersprungen, ist daher die zeitliche Diskontinuität relativ unregelmäßig, wird von einer gewöhnlichen Sequenz gesprochen.

Jedes Bild bedeutet genau das, was es darstellt, nämlich den Teil der nicht übersprungenen Handlung.

Beispiel: Die Cutterin: Jeden Morgen macht sie sich schön / Verläßt die Siedlung pünktlich / Fährt ihr kleines Auto über die Straßen / im Verkehr der Werktätigen / vorbei an Fabriken / vorbei an Baustellen / Schnitt / Schneideraum: die Tür wird geöffnet, herein tritt die Cutterin.

8. Sequenz durch Episoden

Zwischen den einzelnen Einstellungen liegen größere Zeiträume. Dadurch werden Entwicklungen gezeigt, meist durch eine Blende getrennt: z. B. bei der Darstellung einer Gerichtsverhandlung, wo Aussagen zu einem Thema in ihrer Veränderung über einen längeren Zeitraum (die gesamte Prozeßdauer) veranschaulicht werden sollen.

VII. Zeichensysteme im Bild

Im Bild selbst sind neben den durch die Bedingungen des Films und die dadurch provozierte Wahrnehmungsstruktur verschiedene Kodes oder Kodier- bzw. Mitteilungsebenen vorhanden, die für eine bestimmte Mitteilung benutzt werden können.

Die hier verwendeten Kodes sind meist *vorfilmische* Kodes. Das heißt aber nicht, daß bestimmte Kodierungen nicht durch ihre immer wiederholte Präsentation durch Film und Fernsehen verstärkt und verfestigt werden und dadurch die vorhandenen Kodierungen außerhalb des Films wiederum beeinflussen. Es können aber auch neue eingeführt werden (als Varianten bestehender) und so Vorurteile, Meinungen, Haltungen etc. beeinflussen.

Die hier gemeinten *Stereotypen* (feste, schematische und im allgemeinen unrichtige Vorstellungen) und *stereotype Verhaltensmuster* (Handlungen, die mit festen Bedeutungen besetzt, immer wieder eingesetzt und verwendet werden) konstituieren sich zu einem wesentlichen Bestandteil aus diesen Bedeutungs- und Mitteilungsebenen im Bild.

1. Mimik

Der Gesichtsausdruck, die Art des Sprechens, aber auch Ausrufe etc. bestimmen ganz wesentlich die Interpretation dessen, was gesagt wird. Sie werden in Film und Fernsehen immer dann quasi automatisch mitgeliefert, wenn der Sprechende selbst im Bild zu sehen ist.

Aber auch wenn er nicht im Bild ist, können die mimischen Reaktionen des Angesprochenen die Aussage interpretieren. Besonders häufig wird die „Sprache" der Mimik eingesetzt, um Emotionen auszudrücken: Angst, Entsetzen, Freude, Zufriedenheit usf.

2. Gestik

Ähnlich die „Sprache" der Gestik, der Gebärde. Auch hier interpretieren die Gesten das Gesprochene.

Daneben gibt es eine Reihe von Gesten, Handlungen, die relativ feste Bedeutungen haben: etwa zivile Grußgesten (Handkuß, Shake-hands, Kniefall, Arbeiterfaust), militärische oder paramilitärische Ehrenbezeigungen und Befehlsformen, aber auch Verständigungsgesten (Kopfnicken als Zustimmung, Kopfschütteln als Ablehnung).

Bei Tierfilmen, Lassie, Flipper usf., wird die Vermenschlichung der Tiere dadurch erreicht, daß Aufnahmen der Tiere so geschnitten werden, daß sie als analoge zur menschlichen Gestik und Mimik erscheinen.

Eine weitere Gruppe visueller Kodierungen bilden die Zustände (Sein, Bleiben, Liegen), die Vorgänge (Fallen, Wachsen) und die Tätigkeiten (Hauen, Laufen, Werfen). Sinn und Bedeutung fixieren Situation und Kontext (so impliziert der Wurf ein Ziel, das von Situation zu Situation verschieden präzisiert werden kann).

3. *Zeigebilder*

Auf der Ebene der visuellen Kodes (aber auch in Verbindung mit Ton, Geräuschen und Musik) werden von Knilli/Reiss verschiedene Gruppen von Zeigebildern (Demonstrativa) unterschieden.

- *Zeigebilder* (Blicke, Gesten, Aktionen), *die auf dem Fernseh- oder Kinobild selbst präzisiert werden.* Es ist aus dem Bild selbst zu erkennen, wer gemeint ist, wer wen anblickt, wer was zeigt.
- *Zeigebilder, die erst im Zuschauerbereich eingelöst werden.* Erst der Zuschauer kann feststellen, auf wen die Fernsehansagerin blickt, worauf sie unter Umständen verweist. Z.B. der Pop-Finger, der direkt aus dem Bild auf den Betrachter verweist. Wenn Pater Galli in der Sendung „Das Wort zum Sonntag“ frontal dem Zuschauer in die Augen blickt und sagt: „Es hängt alles einzig vom Menschen ab“, dann spricht er zwar ohne verbalen Verweis, aber durch den Blick direkt den „Menschen“ im Zuschauer an.
- *Zeigebilder, die durch Stimmen, Geräusche oder Musik im OFF präzisiert werden.* Eine Reaktion einer Figur, ein visueller Verweis im Bild wird erst durch ein Geräusch erklärt. Die Darstellung der Tennisspieler bei Antonioni, wo nur die Reaktionen der Zuschauer gezeigt werden, die mit den Köpfen den Ballbewegungen folgen, wird durch die Geräusche des Ballaufschlags, der Stimme des Schiedsrichters usf. erst deutlich.
- Die visuellen Verweise können auch durch die nachfolgenden Einstellungen präzisiert werden, oder durch eine innere Veränderung der Einstellung durch Zoom oder Schwenk usf.
- Zeigebilder können aber auch in einem Phantasieraum, der durch Bild und Ton errichtet wird, präzisiert werden. Hier muß der Zuschauer durch Wissen, Erinnerung und Erfahrung die visuelle Aktion präzisieren.

In Kombination mit den Zeigebildern, aber auch einzeln, können ebenso auch *Zeigewörter* (Verweise wie: dieser, jener, der da, Anreden usf.) eingesetzt werden.

4. *Weitere visuelle Kodierungen*

Neben der Mimik und der Gestik wird im Bild noch mit einer Reihe weiterer Mitteilungsebenen gearbeitet: Kodierung durch die *Kostümierung,* durch *Requisiten, Dekoration* bis hin zur *Architektur* und *Natur.*

Am deutlichsten wird ihre Verwendung bei historischen Filmen, wo das historische Moment vielfach nur über die Kostümierung und die Dekoration transportiert wird.

Über die Ausstattung wird vor allem auch die *sozialkulturelle* Zuordnung transportiert. Einrichtungen, Kleidungen, Requisiten verweisen auf die Zugehörigkeit von bestimmten sozialen Gruppen, verweisen auf das soziale Prestige ihrer Besitzer und werden so als Argumentation im Film eingesetzt.

VIII. Wort-Bild-Verbindungen

Grundsätzlich wird zwischen ON-Ton und OFF-Ton unterschieden. Gemeint ist: *on* the screen (im Bild) und: *off* the screen (außerhalb des Bildes). Die Begriffe stellen fest, ob die Geräusch*quelle* im Bild zu sehen ist (dazu gehört auch die Person, die etwas sagt) oder nicht, wie z.B. in der Regel die Filmmusik.

1. ON-Ton

Alles Hörbare ist im ON, wenn seine Ursache im Bild zu sehen ist. Der Zusammenhang zwischen Bild und Ton ist besonders wichtig, wenn im Text mit Verweisen gearbeitet wird.

Beispiel: Man sieht den Lehrer mit dem Rücken zur Klasse, er sagt: „Du da in der dritten Reihe, steh mal auf", und man sieht, wie Fritz sich allmählich erhebt. Die Beziehung zwischen Lehrer und Schüler und die Begründung der Handlung von Fritz geht nur aus dem Text und dessen Aufforderung an Fritz hervor.

Daß man die Quelle von Geräuschen oder gesprochenen Texten sieht, ist wichtig zur Charakterisierung von Geräuschen. Große Worte werden oft viel kleiner, wenn man ihren Ursprung sieht, andererseits können Sympathie und Antipathie beim Anblick des Sprechers das Verständnis des Textes oder die Bereitschaft, sich der vorgetragenen Meinung anzuschließen oder sie abzulehnen, beeinflussen.

2. OFF-Ton

Der OFF-Ton behauptet gegenüber dem Bild eine größere Eigenständigkeit. So wie die Filmmusik eine Szene interpretiert, kann auch ein im OFF gesprochener Text die einzelnen Szenen kommentieren und ihre Sehweise beeinflussen.

Gerade wegen ihrer relativen Selbständigkeit sind Geräusche und Texte aus dem OFF oft mit mehr Autorität ausgestattet als im ON.

Geisterstimmen haben es an sich, unsichtbar zu bleiben, quietschende Türen, langsame Schritte im OFF sind so unheimlich, weil nicht zu sehen ist, woher diese Geräusche kommen. Auch ähnliche ON-Geräusche (wenn nur die Füße zu sehen sind) zeigen ja eigentlich nicht, wer da geht.

3. Verknüpfung von Einstellungen durch ON und OFF

Verknüpfungen durch ON-Ton haben Verweischarakter. Der OFF-Ton kann sehr unterschiedliche Einstellungen miteinander verbinden und ihnen einen einheitlichen Charakter geben, kann zu Steigerungen, Spannungsanstiegen oder -abfällen führen, ohne daß in den Einstellungen Entsprechungen vorhanden sind.

3. Analyse der Film- und Fernsehsprache

Einführung in die Texte

Bisher war immer nur von der Sprache des *Films,* nicht aber von einer *Fernseh*sprache die Rede. Tatsächlich kann man davon ausgehen, daß die visuellen Mitteilungsformen grundsätzlich die gleichen sind; allein die Tatsache, daß, abgesehen von der ständig größer werdenden Zahl der im Fernsehen laufenden Spielfilme auch andere Programmteile noch im wesentlichen ‚gefilmt' werden, zeigt, daß sich das Fernsehen legitimerweise der Filmsprache bedient. Andere Ausdrucksmöglichkeiten, die durch die elektronische Aufzeichnung bedingt sind, wie z. B. das ‚blue-box-Verfanren' u. a.[1], können hier unmöglich zusätzlich behandelt werden.

Etwas anderes ist es, wenn man bis hierher den Eindruck gewinnen konnte, daß der Tonfilm noch nicht erfunden sei. Es verwundert indes nicht, daß sich die Beschäftigung mit der Filmsprache zunächst auf die *visuellen* Codes konzentriert, da diese Bildersprache das wesentlich Neue des Films ausmacht. Allerdings ist auch der Stummfilm niemals ‚stumm' gewesen:

„Nach ersten fehlgeschlagenen Versuchen, die Stimme der Schauspieler im Film durch Grammophonplatten zu synchronisieren (auf der Pariser Weltausstellung von 1900 sah man Coquelin die Lippen bewegen und zugleich hörte man seine Stimme bei einer Szene aus Cyrano de Bergerac), überließ man die Tonuntermalung weitgehend der Musik, und die Toneffekte wurden bei jeder Vorführung live wiederholt."[2]

Eine andere Möglichkeit, die Wort-Sprache zum besseren Verständnis der Stummfilme heranzuziehen, war die eingeblendete Schrift, ohne die auch die ausdrucksstarken Filme Eisensteins z. B. nicht hinreichend verständlich geworden wären. Eisenstein allerdings machte

„aus der Not eine Tugend und wählte immer nur wenige Worte, die er dramatisch einsetzte, die er in unterschiedlichen Schriftgrößen setzte und mit derselben künstlerischen Meisterschaft und Sorgfalt behandelte wie seine Bildkomposition. Tatsächlich handhabte er die

[1] Es handelt sich beim Blue-Box-Verfahren (oder blue-screen, s. *M. Abend* u. S. 79) um ein Montageverfahren, das erst durch die elektronische Aufzeichnung möglich geworden ist. „Vor einem hochgesättigten blauen Hintergrund wird die Motivaufnahme vorbereitet. Die Handlung spielt sich vor diesem gleichmäßig ausgeleuchteten blauen Hintergrund ab, wobei das Blau ein hundertprozentiges Signal erzeugt, das Licht in der Szene nur ein achtzigprozentiges. Durch elektronisches Ausstanzen aller Blauwerte können Signale einer zweiten Bildquelle dem Motiv zugeordnet werden. Im Blue-box-Gerät wird dazu das Blau in eine Schablone umgeformt, dem Trickmischer zugeleitet und dort mit dem Bildangebot ‚Hintergrund' aufgefüllt. Das ganze Hintergrundbild wird dann dem Motiv eingefügt." (*Peter Ruge:* Produktionspraxis des Fernsehjournalisten, Bildungsarbeit im ZDF. Schriftenreihe für die Mitarbeiter des ZDF, Heft 3, Mainz 1973)

[2] Vgl. *Thorold Dickinson:* Von der Vorherrschaft des Bildes. In: Sprache im technischen Zeitalter, 1965, Heft 13 (Sonderheft: Die Rolle des Worts im Film), S. 1070.

Wörter genauso wie seine Bilder [. . .] Er bereicherte den Rhythmus einer Bildsequenz durch die Einführung des Zwischentitels als eines wesentlichen Teils des Ganzen."[3]

Die Einführung des Tonfilms hat dem Film nicht einfach den Ton hinzugefügt, sondern die Ausdrucksweise des Mediums weitgehend beeinflußt. Daher ist verständlich, daß gerade die Regisseure, die die Bildersprache so extrem perfektioniert hatten wie z. B. Eisenstein, am empfindlichsten auf den Tonfilm reagierten.

„Bei dem Erscheinen des Tonfilms verfaßten Eisenstein, Pudowkin und Alexandrow ein ‚Manifest des Tons'. Sie drückten in ihm die Befürchtung der Intellektuellen aus, daß diese Entdeckung, die sie als ‚zweischneidige Waffe' ansahen, in ihrer Anwendung ‚der Linie des geringsten Widerstandes folgen, d. h. das einfache Verlangen des Publikums nach Neuem befriedigen würde'. Diese bedeutenden Regisseure waren durch die Disziplin des Stummfilms, die sich auf die Methode der Montage stützte, geformt worden, sie erkannten aber trotzdem den Wert des Tones als Ausdrucksmittel an [. . .]"[4]

Das *Fernsehen* schließlich ist ‚stumm' gar nicht vorstellbar. Die Unmittelbarkeit der Wiedergabe von Wirklichkeit, die das Fernsehen scheinbar zu einem gleichsam ‚natürlichen' Medium macht, was den hohen Grad von Glaubwürdigkeit, die dem Fernsehen entgegengebracht wird, verbürgt, das alles ist Resultat des scheinbar untrennbaren Zusammenwirkens von Bild und Ton im Fernsehen. Daß es sich dennoch um das In-Beziehung-Setzen verschiedener Codes handelt, ist leicht nachprüfbar, indem man den Ton oder das Bild abschaltet: So wird verständlich, daß es sich bei einer Fernsehsendung um ein Produkt aus Bildern, Geräuschen, Musik und Text handelt und daß diese ‚Zutaten' unterschiedlich dosiert sein können, ein Punkt, der in den Texten zu den Programmanalysen immer wieder eine Rolle spielt.

In den folgenden Texten wird also von einer Film- *und* Fernsehsprache ausgegangen, die als komplexes audio-visuelles Codierungssystem anzusehen ist.

„Diese F-Sprache [d. i. Film- und Fernsehsprache – JP] entsteht praktisch durch eine äußerst komplizierte Interferenz zweier im Grunde heterogener Zeichensysteme. Das eine von beiden ist ein *optisches Zeichensystem* und besteht aus sehr dynamischen Bildreihen, die einen kontinuierlichen *Bilderfluß* ergeben. Das andere ist akustisch-verbalsprachlicher Natur und besteht aus mehr oder weniger zusammenhängenden *Wortketten.*

Beide interferieren so, daß sie eine homogen anmutende, verstehbare Textur ergeben; trotzdem sind die beiden Systeme jederzeit faktisch-technisch voneinander zu trennen und als Ton- oder Bildablauf separiert vorführbar.

Ihr Ineinander-Verwobensein, das hier als Interferenz definiert wurde, ist am Beispiel textiler Webvorgänge strukturell am ehesten begreiflich zu machen. In beiden Fällen geht es um ein Ineinanderwirken von ‚Kette' und ‚Schuß', wobei offen bleiben muß, welches Zeichensystem die Ketten- oder Schußfunktion übernimmt: der Bilderfluß oder der (diskontinuierliche) Wortstrom. Das Produkt ist in jedem Falle jener von Bildschirm und Leinwand her bekannte *Tonbild-Teppich,* der als Einheit erlebt und als integrierte Aussage verstanden wird.

Das eine der Zeichensysteme, das optische, spricht zwar stärker unsere Sensibilität, das

[3] Ebd.

[4] Vgl. *José Lopez Clemente:* Das Wort – ein Bauelement des Films. In: Sprache im technischen Zeitalter, a. a. O., S. 1063.

sprachliche stärker unsere Rationalität an; im integrierten Film- und Fernseherlebnis jedoch werden die unterschiedlichen Ursprünge und Reizquellen unserer Eindrücke kaum bewußt.

Die beiden Zeichensysteme, obwohl formal und häufig auch inhaltlich heterogen, sind nicht inkommensurabel: ihre Interferenz stellt ein Novum sinnlich-rationaler Sekundär-Erfahrung von äußerster Variationsbreite dar; sie ist die technisch-dramaturgische Basis für alle Informations- und Unterhaltungsdarbietungen der optisch-akustischen Massenmedien. Ihre größte Effektivität erreicht sie im kommentierten Bildbericht und Dokumentar-Feature."[5]

Mit diesen Informationssendungen setzen sich die Texte zu den Programmanalysen ebenfalls schwerpunktmäßig auseinander, zunächst sollen jedoch einige ‚Wesensmerkmale des Fernsehens' vorgestellt werden.

3.1. Der Katalog, den Maletzke aufgestellt hat, nennt eine Reihe von Merkmalen des Fernsehens, die jedoch ausschließlich die Rezipientenseite betreffen. Die hier aufgeführten Punkte lassen sich sicherlich noch ergänzen, die soziologischen und psychologischen Schlüsse, die aus diesen Merkmalen zu ziehen wären, füllen inzwischen ganze Bibliotheken. Für die Unterscheidung zwischen den beiden Massenmedien Film und Fernsehen genügt es selbstverständlich nicht, Unterschiede in der Rezeptionsweise festzustellen: Insbesondere die Produktions- und Distributionsbedingungen von Film und Fernsehen, ihre ökonomischen und politischen Voraussetzungen müßten genannt werden. Entsprechend wäre die Liste der Markmale des Fernsehens mit Hilfe der angegebenen Literatur zu ergänzen.[6]

3.2. Christian Metz nennt in seinem Vergleich von Cinéma und Fernsehen einige zusätzliche Punkte, insgesamt sieht er vier grundsätzliche Unterschiede: in der Technologie, sozio-polit-ökonomische Differenzen in der Entscheidungs- und Produktionsstruktur (hier wäre zu klären, was es heißt, daß das Fernsehen in der Bundesrepublik öffentlich-rechtlich organisiert ist), in der Rezeptionsweise und schließlich in der Programmgestaltung, d. h. daß im Fernsehen bestimmte Genres anders und bestimmte andere Genres als im Kino erscheinen. Der letzte Punkt ist für die Programmanalyse des Fernsehens wichtig; denkbar wäre, an Hand einer Fernsehzeitung einmal die verschiedenen Genres festzustellen und zu überlegen, was sie von denen des Kinos unterscheidet.

Abgesehen jedoch von sämtlichen hier festgestellten Unterschieden gilt für die Analyse der Film- und Fernsehsprache, daß man die beiden Medien so behandeln kann, „als bildeten sie eine einzige Sprache", daß

„cinéma und Fernsehen zwei technologisch und gesellschaftlich verschiedene Versionen ein und derselben Sprache sind, die durch eine bestimmte Kombinationsart von Reden, Musik, Geräuschen, graphisch fixierten Schriftzeichen und sich bewegenden Bildern definiert ist" (Ch. Metz).

[5] Vgl. *Paul Heimann:* Zur Dynamik der Bild-Wort-Beziehung in den optisch-akustischen Massenmedien. In: *Heiß, Caselmann, Schorb, Heimann:* Bild und Begriff. München 1963, S. 74f.

[6] S. das Stichwort ‚Kommunikationssoziologie' in der Liste weiterführender Literatur, S. 108.

3.3. Wenn es um die Analyse der Verwendung der Film- und Fernsehsprache in den Programmen des Fernsehens geht, steht in den meisten Fällen der Begriff „Manipulation" im Mittelpunkt, der zudem meist dort ausgewiesen wird, wo die unverfälschte Wiedergabe der Wirklichkeit erwartet oder gefordert wird. Manipulation ist ein sehr komplexer Begriff, der bewußte Verfälschungen ‚objektiver' Aussagen in den Medien, dadurch hervorgerufene Manipulationen des menschlichen Bewußtseins und schließlich Theorien umfaßt,

„welche den gesellschaftlichen Zustand daraus zu erklären versuchen, daß die Herrschenden neue Techniken entwickelt haben, vermittels Konsum und Massenmedien ihre Interessen den Unterdrückten in einer Weise aufzuoktroyieren, daß sie diesen als ihre eigenen Interessen vorkommen"[7].

Für den Zusammenhang der Programmanalyse des Fernsehens muß nicht unbedingt über die Legitimität des Manipulationstheorems entschieden werden, obwohl berechtigte Bedenken anzumelden wären, wichtig scheint vor allem zu sein, daß ihm immer die Annahme zugrundeliegt, daß die Wirklichkeit in den manipulierten und entsprechend manipulierenden Medien unmittelbar wiedergegeben werden könne, was u.a. zu so irrigen Annahmen führt, daß hier an der Wirklichkeit selbst manipuliert werde, „daß Medienproduktion immer einen aktiven und manipulativen Umgang mit der Umwelt darstellt"[8]. Auch wenn Manipulation für unumgänglich gehalten wird, weil „Fernsehen ohne Manipulation gar nicht machbar ist"[9], wird die unverfälschte Präsentation der Wirklichkeit als eben unerreichbares Ziel vorgestellt. Daß es überhaupt zu dieser Annahme kommen kann, liegt an dem Schein der Unmittelbarkeit, der die Bildmedien in ihrem Verhältnis zur dargestellten Wirklichkeit ‚auszeichnet'.

Helmut Greulich, der die Programmarbeit im Fernsehen durch seine Arbeit als Redakteur beim ZDF (früher Leiter der „Direkt"-Redaktion) kennt, nennt die Produktion von Fernsehprogrammen Manipulation. Er versteht unter „Manipulation" die verschiedenen Einflüsse, die das Fernsehen am Sagen der unverfälschten Wahrheit hindern: Diese Einflüsse können nach Greulich ‚objektiver' Natur sein wie die Einflußnahme der Parteien, personelle Bedingungen, Themenauswahl und ihre Placierung im Programm, technische Manipulationen etc. Im vorliegenden Text geht es um medienbedingte Einflüsse. Obwohl fraglich ist, daß die festgestellten Manipulationen Bedingungen unterliegen, die unabänderlich in der Natur des Mediums liegen, sind sie doch für die Programmanalyse von Interesse. Diese und weitere ähnliche Punkte sollten in einer kritischen Programmanalyse insbesondere von dokumentarischen Sendungen und Nachrichtensendungen untersucht werden.

3.4. Was Greulich z.B. ebenfalls der Manipulation zurechnet, ist doch nichts anderes als das Selbstverständlichste von der Fernsehwelt, daß eine Sendung nicht

[7] Vgl. *Detlef Michel:* Manipulationstheorien und Massenfeindlichkeit. In: Sozialistische Zeitschrift für Kunst und Gesellschaft, Juli 1973, Heft 18/19, S. 141.

[8] Vgl. *Gerd Krauth:* Erziehung, Öffentlichkeit und Medien. In: betrifft: erziehung, 1975, Heft 2, S. 51.

[9] Vgl. *Helmut Greulich:* Manipulation im Fernsehen. In: *D. Baacke* (Hrsg.): Mediendidaktische Modelle: Fernsehen. München 1973, S. 163.

allein, sondern im Programm gesendet wird. Die Folgen, die sich u.a. aus der Placierung einer Sendung für deren Rezeption ergeben, sind weder auf objektive noch auf medienbedingte Manipulation zurückzuführen, sondern schlicht auf (programm)politische Entscheidungen. Sie sind in jedem Fall bei der Analyse auch von Einzelsendungen zu berücksichtigen.

An dieser Stelle, wo es um die Analyse einiger Genres des Fernsehens geht, soll davon abgesehen werden, in die Texte einzeln einzuführen zugunsten von Hinweisen, wie man bei der Analyse von Fernsehprogrammen im Unterricht vorgehen könnte und wie die vorliegenden Texte dabei benutzt werden könnten.

Gegenstand der Analyse ist in dem hier vorgeschlagenen Zusammenhang die einzelne Fernsehsendung, etwa ein Film aus einer Fernsehserie oder der Teil einer Fernsehsendung, also z.B. eine Reportage aus der „Tagesschau“ oder ein Feature aus einem Fernsehmagazin. Untersucht werden könnte, mit welchen filmsprachlichen Mitteln welche beabsichtigte oder unbeabsichtigte, unmittelbar deutliche oder versteckte Aussage gemacht wird.

Für diese immer noch weitgehend ideologiekritische Analyse[10] sollen die Texte einmal als methodische Anleitung dienen (das gilt insbesondere für die Serienfilm-Analysen 3. 12.–3. 14.), darüber hinaus sollen sie jedoch auch helfen, Detailergebnisse der Analyse in den ‚programmatischen‘ Rahmen des Fernsehprogramms wieder einzuordnen: Nachrichtensendung, Feature oder Serienfilm sind auf verschiedene Art problematisch, je nachdem, welche Ansprüche jeweils an die filmsprachliche Vermittlung von Informationen oder generell inhaltlichen Aussagen gestellt werden und in welchem Verhältnis die filmsprachlichen Mitteilungen zur Wirklichkeit (als dargestellte und als Wirklichkeit des Zuschauers) stehen.

(Für die Durchführung der Analyse unerläßlich ist die Benutzung eines Video-Recorders – VTR oder VCR, d.h. eines Spulen- oder Kassettengerätes – und eines Fernsehmonitors. Diese wichtigen Lehr- und Lernmittel sind inzwischen an sehr vielen Schulen vorhanden; wenn nicht, sollte man sich mit der benachbarten Landesbildstelle, Fach- oder Volkshochschule etc. in Verbindung setzen.)

Zu Beispiel 1: Nachrichten im Fernsehen

Dem Ziel der Analyse entsprechend könnte als ihr Material vorliegen:

a) *Sämtliche Fernsehnachrichtensendungen eines Senders an einem Tag.*
   In einer vergleichenden Untersuchung wäre festzustellen, wie sich die Schwerpunkte der Nachrichten verschieben (durch Aktualität, Programmumgebung

[10] Die Nachteile der ideologiekritischen Analyse, die ihr immer wieder vorgehalten wurden, sind, daß sie sich weder auf die politökonomischen Bedingungen des inkriminierten Bewußtseins noch auf dessen Struktureigenheiten eingelassen habe, dafür in verdächtiger Nähe zum Manipulationstheorem stehe. Der Vorteil indes, aus der Kritik gesellschaftlicher Bewußtseinsformen unmittelbarer als in anderen Analyseverfahren Strategien kommunikativen Handelns bis hin zu Formen der Gegenöffentlichkeit entwickeln zu können, wiegt die Nachteile u.E. auf. Band II der „Film- und Fernsehsprache“ wird die ‚praktischen‘ Folgen der Film- und Fernsehanalyse zu behandeln haben.

oder Rezeptionsbedingungen) und in welchem Verhältnis Bild und Wort als Informationsträger zu einander stehen.

b) *Vergleich der beiden Ausgaben von ZDF-„Heute“ und ARD-„Tagesschau“ um 19 Uhr bzw. 20 Uhr an einem bestimmten Tag.*
Auch hier wären Programmumgebung (Werbung bzw. Beginn des Abendprogramms) und Rezeptionsbedingungen zu berücksichtigen, im Vordergrund wird jedoch die Analyse der Erscheinungsweise der Nachrichten in beiden Programmen stehen.

c) Wenn möglich: *Vergleich westdeutscher mit DDR- und ausländischen Fernsehnachrichten.*
Diese Aufgabenstellung ist sehr komplex, da zumindest der Vergleich der Fernsehsysteme hinzugezogen werden müßte; auf der bloßen Erscheinungsebene lassen sich jedoch bereits interessante Feststellungen über die unterschiedliche Verwendung der Film- und Fernsehsprache treffen.

Wie weit oder eng die Aufgabenstellung auch ist: für die filmsprachliche Analyse wird ein aus dem Programmzusammenhang begründbares signifikantes Beispiel auszuwählen sein, an dem die charakteristische filmsprachliche Mitteilungsebene herausgearbeitet werden kann. Zu diesem Zweck ist es ratsam, zunächst ein Wort-Bild-Protokoll der betreffenden Sendung (oder eines Teils) anzulegen (vgl. etwa das Protokoll der „Schlachthof“-Szene von Eisenstein, 1.4., S. 21–23):

Lfd. Nr. der Einstellung	Dauer	Kamerabewegung	Bild	Ton
1	7”	T > (Ranfahrt) HN	Flugzeug ist gelandet, Tür wird geöffnet, Minister erscheint auf der Gangway etc.	Flugzeugtriebwerke

Für die Differenzierung der Einstellungen, Kamerabewegungen, Objektbewegungen etc. kann das „Lexikon“ (2.7., S. 45 f.) herangezogen werden.

Je nachdem, wie detailliert die Analyse durchgeführt wird, kann von der Abfolge ganzer Sequenzen oder aber von der einzelnen Einstellung ausgegangen werden. In der Einstellung wären verschiedene Codes festzustellen, die insgesamt die historische, kulturelle, räumliche etc. Bestimmung des Gezeigten einordnen und verstehen lassen. Alles, was im Bild passiert, und die Art, wie es durch die Kameraführung (und in der Verbindung der Einstellungen durch die Montage) gezeigt wird, hat Mitteilungscharakter. Hinzukommt der Ton als O-Ton (Originalton, d.h. Geräusche, Sprache der im Bild Handelnden) oder Kommentar bzw. unterlegte Musik (vgl. auch ON- bzw. OFF-Ton, s. o. S. 57).

Die Frage z.B. nach der ‚Objektivität‘ der Nachrichten, wie sie Paetzold (3.5.) stellt, läßt sich auf diese Weise detailliert am Beispiel von Fernsehnachrichten untersuchen, soweit es sich um die Erscheinungsweise, die filmsprachliche Mitteilungsebene einer Sendung handelt. Paetzold, der die Nachrichten in den Medien grundsätzlich an die Interessen derjenigen, denen die Medien zur Verfügung stehen, bindet, interessiert sich mehr für den Entstehungsprozeß von Nachrichten, der jedoch verborgen ist hinter dem Produkt, der Sendung selbst, die einer kritischen Analyse unmittelbar zugänglich ist. Paetzold folgend, wäre es z.B. interessant festzustellen, wie die ‚Drohung' eines Streiks ‚ins Bild gesetzt' wird, damit, wie das immer wieder geschieht, plötzlich nicht mehr die Unternehmer, denen die Drohung ursprünglich gilt, sondern die Arbeiter selbst als die Bedrohten erscheinen.

Straßner (3.6.) und Abend (3.7.) gehen mehr auf den auch im Bewußtsein der Fernsehnachrichtenredaktionen problematischen Zusammenhang von Wort und Bild ein (M. Abend ist Redakteur bei der „Tagesschau"). Die hier vornehmlich als Unsitten kritisierten Darstellungsweisen in Fernsehnachrichten wie die Personalisierung politischer Zusammenhänge hatte Greulich (3.3.) bereits als Manipulation verurteilt; es käme darauf an, sie im einzelnen nachzuweisen und im ‚programmatischen' Kontext der Sendungen zu begründen.

Das Problem ‚objektiver' Nachrichtensendungen stellt sich im Fernsehen deshalb auf besondere Weise, weil die filmsprachliche Mitteilung scheinbar unmittelbar vorzeigt, wovon sie spricht. Das Fernsehen verfügt am stärksten von allen Medien über den Charakter des Dokumentarischen, bzw. es suggeriert die Vorstellung, unmittelbar dabei zu sein (‚live'), was scheinbar die Wirklichkeit des Dargestellten verbürgt. Dagegen besteht genau genommen zwischen einem Eisenbahnzusammenstoß im Spielfilm und in der Tagesschau kein Unterschied – was die Ebene filmsprachlicher Mitteilungen betrifft. Da die fiktionale Herstellung des ‚Ereignisses Eisenbahnunglück' naturgemäß sogar viel genauer, interessanter, vollständiger sein kann als die Dokumentation eines ‚tatsächlichen' Unglücks, haben sich die Sehgewohnheiten auch gegenüber dokumentarischen Darstellungen längst an den fiktionalen Unterhaltungsgenres orientiert. Eine Tatsache, die von denen aufgenommen und unterstützt wurde, die Nachrichten zu verkaufen haben und dies am besten auf spannende, unterhaltsame Weise tun. Das hat auch und besonders beim Fernsehen zu Verwischungen zwischen Fiktion und Wirklichkeit geführt. Unterhaltungsshows bedienen sich seit der legendären „Invasion vom Mars"[11] immer wieder des Scheins des Dokumentarischen, wie z.B. in dem „Millionenspiel". Umgekehrt versuchen die Nachrichtenredaktionen, ihre Themen so spannend und unterhaltsam wie möglich anzubieten, so daß die Berichterstattung über Bankraub oder Terroranschläge, die sich über längere Zeit hinziehen, zu wahrhaftigen ‚Krimis' gelingen.

Die Wirklichkeit sperrt sich zwar dagegen, ‚inszeniert' zu werden, d.h. die dokumentierte Realität ist nicht identisch mit der filmsprachlichen Mitteilung über sie, sondern ist deren Gegenstand und Material. Da jedoch der ‚Krimi' sich an der Darstellung des Kriminellen in den Nachrichten des Fernsehens orientiert

[11] Es handelt sich um das nach einem Roman von H. G. Wells von Orson Welles inszenierte Hörspiel, das am Abend seiner Sendung, dem 30. Oktober 1938, in den USA unter seinen Zuhörern eine Panik ausgelöst hat. Vgl. dazu: *Götz Dahlmüller, Wulf D. Hund, Helmut Kommer:* Kritik des Fernsehens. Darmstadt, Neuwied 1973 = Sammlung Luchterhand 111, S. 16–23.

und umgekehrt, uns aber diese sich so herausbildende konventionelle Weise der Erscheinung z. B. von Verbrechen die fast ausschließlich verfügbare ist, prägt sie das gesellschaftliche *Bild* des Verbrechens entscheidend.[12] Die Analyse filmsprachlicher Konventionen fiktionaler und nicht-fiktionaler Genres hätte Kriterien zur Kritik dieser Entwicklung herauszuarbeiten, um, wie Richter/Schatzdorfer (3.8.) sagen, *unterscheiden* zu können.

Zu Beispiel 2: Das Fernseh-Feature

Farockis Kritik des Fernseh-Features (3.9. und 3.10.) ist eine Kritik am ‚gewöhnlichen' Fernsehen, bzw. an der üblichen Verwendung filmsprachlicher Mittel im Fernsehen. Was hier analysiert wird, könnte man tagtäglich im Fernsehen sehen – wenn man es sehen könnte. Aber diese kleine Form unterhaltender Information, die so sehr fernsehgemäß ist, sperrt sich gegen die kritische Analyse solange, wie man nicht unmittelbar auf die Mittel und die Art und Weise, wie sie angewandt werden, zurückkommt.

So kann eine jener ‚Gesetzmäßigkeiten' der Film- und Fernsehsprache, von der schon öfters die Rede war, als Grundprinzip der Produktionsweise von Fernseh-Features wiedererkannt werden: Daß jedes Bild und alles, was im Bild zu sehen ist, seine Bedeutung von dem Kontext, in dem es benutzt wird, erhält. Dieses Prinzip der Montage (oder des Schnittes) läßt Worte und Bilder oder Bilder und Bilder beliebig in Beziehung setzen, um u. U. daraus Bedeutungen herzuleiten, die sie vorher nie gehabt haben.

Warum mit Bildern und dem, was sie darstellen so verfahren wird, beschreibt Farocki aus seiner Kenntnis der Produktionsweise von Fernseh-Features; die Analyse hätte zu erbringen, welcher Sinn (bzw. Unsinn) bestimmten Bildfolgen oder kommentierten Bildern im Fernsehen gegeben wird, ohne daß häufig Bilder und Worte einlösen können, was ihnen an Bedeutungen zugemutet wird. Dazu ist es notwendig, eine Fernsehsendung zu sezieren, die Beziehungen ihrer Teile aufzulösen und so zu hinterfragen. Im Wort-Bild-Protokoll einer Sendung wird sich zeigen lassen, was Farocki an einigen Beispielen deutlich gemacht hat.

Zu Beispiel 3: Serienfilme

Das dort angewandte Verfahren, signifikante Zusammenhänge an einigen wenigen Sequenzen zu analysieren, empfiehlt sich auch bei so komplexen Gebilden wie Serienfilmen im Fernsehen. Auch hier ist es selbstverständlich unumgänglich, die Produktions-, Distributions- und Konsumtionsformen zu berücksichtigen, also etwa die serielle Herstellung von Fernsehfilmen, besonders in den USA, das

[12] Das Thema Gewalt im Fernsehen kann also durchaus auch von der Seite der Wort-Bild-Analyse von Sendungen her angegangen werden. Eine gute Sammlung allerdings vornehmlich wirkungsanalytisch orientierter Ansätze zum Gewaltproblem im Fernsehen befindet sich in: *Sommer/Grobe:* Aggressiv durch Fernsehen? Überlegungen zur Medienerziehung von Kindern und Jugendlichen. Neuwied 1974.

umgebende Programm bei der Ausstrahlung (Werbung oder Abendprogramm) und, was damit zusammenhängt, wann und unter welchen Umständen diese Filme gesehen werden. (Einige Hinweise dazu finden sich im Literaturverzeichnis.)

Dahlmüller, Hund und Kommer (3.11.) stellen einige Punkte zusammen, von denen sie wohl mit Recht vermuten, daß sie der Vermittlung einer bestimmten Ideologie gerade in der Fernsehunterhaltung dienen. Es wird sicherlich nicht schwerfallen, aus der eigenen Erfahrung weitere Punkte zu sammeln, die auf die Wirkungsabsicht der Hersteller und Sender von Fernsehunterhaltung hinweisen. Erst die Analyse der verwendeten Fernsehsprache kann indes erkennbar werden lassen, wie die Vermittlung einer bestimmten Ideologie als Aussage z.B. eines Serienfilms im Fernsehen aus der Organisation des filmsprachlichen Materials selbst zu erklären ist.

Das Verfahren der ideologiekritischen Analyse kann am besten an Hickethiers (3.12.) ausführlichem Protokoll und dessen Interpretation verfolgt werden; demgegenüber beschränken sich die beiden folgenden Analysen auf spezifische Ideologeme in der Familienserie und dem Fernseh-Western; es sind Beispiele, wie etwa eine gröbere Analyse an bestimmten Punkten, die besonders signifikant sind, ins Detail gehen kann.

Letzten Endes wird es in jedem Fall darauf ankommen, kritische Aussagen über Fernsehprogramme und -sendungen an deren filmsprachlichen Mitteln zu begründen und zu erhärten. Erkenntnisgegenstand der Film- und Fernsehanalyse ist die Konstitution von Gesellschaft durch (Massen-)Kommunikation, nicht etwa abgelegene stilistische Feinheiten der Film- und Fernsehproduktion; Ziel der Analyse sollte demnach nicht etwa die Fähigkeit sein, sämtliche Einstellungen nennen zu können, sondern ein mit Kriterien ausgestattetes kritisches Bewußtsein, das sich der Massenmedien in seinem Sinne bedient.

3.1. Gerhard Maletzke: Wesensmerkmale des Fernsehens

Fragen wir nach den Merkmalen, durch die sich das Fernsehen auszeichnet, so läßt sich – ohne Anspruch auf Vollständigkeit und Systematik – etwa der folgende Katalog entwickeln:

1. Das Fernsehen vermittelt seine Aussagen optisch und akustisch. Durch die optische Komponente wird der Zuschauer gezwungen, sich mit voller Aufmerksamkeit der Sendung zuzuwenden. Er kann sich nur in sehr begrenztem Umfang gleichzeitig noch anderen Beschäftigungen widmen. Aus dieser Tatsache resultiert der große Einfluß des Fernsehens auf die Freizeitgestaltung des einzelnen sowie ganzer Gruppen.
2. Das Fernsehen legt die Zuschauer zeitlich fest. Nicht die Zuschauer, sondern die Programmgestalter bestimmen den zeitlichen Ablauf des Programms; und wenn diese sich auch bemühen, den Wünschen und Lebensgewohnheiten des Publikums zu entsprechen, so können sie doch niemals allen Erwartungen gerecht werden.
3. Das Fernsehen kann – wie der Hörfunk, aber sonst kein anderes Medium – ein Geschehen „live“, direkt, gleichzeitig übertragen.

ren Relieffaktoren, die beim realen Sehen präsent sind, die verschiedene Funktionsweise der Mechanismen zur Wiederherstellung der Konstanz, usw.).

Eine Definition dieses Typs gilt ersichtlich zugleich für cinéma und Fernsehen. Offensichtlich beruht sie nicht auf formalen Eigenschaften, sondern auf sensoriellen Überlegungen (= die Ausdrucksmaterie): daraus erklärt sich, daß der definierte Gegenstand hier kein Code, sonderen eine Sprache (langage) ist.

Kommen wir endlich zu den kinematographischen Codes mit maximalem Spezifizitätsgrad zurück. Wenn man zugibt, daß cinéma und Fernsehen im wesentlichen ein und dieselbe Sprache ausmachen, wird es sich bei diesen Codes nicht allein um diejenigen handeln, welche allein zum cinéma gehören, sondern auch um diejenigen – und zwar sogar vor allem, da gesagt wurde, daß sie zahlreicher und wichtiger als erstere seien –, die zum cinéma und Fernsehen allein gehören, und die im voraufgegangenen Kapitel erwähnt wurden: Codes, die dem mechanischen, zu einer Sequenz zusammengestellten und beweglichen Bild eigentümlich sind [. . .], und Codes, die sich auf die Kombination eines solchen Bilds mit der dreifachen tonalen Grundlage (sowie mit den graphisch ausgeführten Schriftzeichen) beziehen.

3.3. Helmut Greulich: Manipulation im Fernsehen

Medienbedingte Einflüsse

[1] *Bevorzugung des Sichtbaren*

Wenn ich [. . .] auf einige medienbedingte Einflüsse hinweise, so meine ich damit charakteristische Eigenarten von Film und Fernsehen, die eine unverfälschte Wiedergabe der Realität unmöglich machen. Dazu gehört vor allem die handwerklich bedingte Bevorzugung des Sichtbaren, das in den Fernsehprogrammen dominiert, obwohl jedermann weiß, daß die Hintergründe eines Geschehens oft viel wichtiger sind als die äußeren Abläufe, die sich der Kamera anbieten. Ein oft bewitzeltes und dennoch hartnäckig im Programm auftauchendes Beispiel für diese Tatsache sind aus Flugzeugen kommende oder in Verhandlungsräume strebende Staatsmänner.

Man sieht im Fernsehen aber auch weit mehr Beispiele sozialer Explosionen – Aufnahmen von Streiks, Demonstrationen, Unruhen und Bilder von gewaltsamen Auseinandersetzungen – als Sendungen, die das Entstehen solcher Konflikte erklären. Und zwar einfach deshalb, weil das eine leicht ins Bild zu setzen ist, das andere nicht. Die Erwartungshaltung des Publikums verstärkt diese Tendenz: Szenen, in denen etwas „passiert“, sind für den Zuschauer attraktiver als redende Köpfe, die schwierige historische oder politische Zusammenhänge erläutern. Und diesen Zuschauer gilt es bei oft reizvollen Angeboten konkurrierender Programme bei der Stange zu halten.

Wenn schon der Zuschauer Bildern und Aktionen den Vorzug gibt, so erst recht der Film-Macher, für den es weit bequemer ist, „draufzuhalten“, wo sich etwas bewegt (und seien es auch nur Teleaufnahmen von Passanten, die für alle nur denkbaren Kommentarabsichten herhalten müssen), als mühsam nach Experten zu suchen, die bereit sind, komplexe Zusammenhänge zu erklären – wobei es noch einmal Mühe kostet, sie dazu zu bringen, dies verständlich und im Rahmen einer bestimmten Zeit zu tun. Dies alles führt zu einer oft vordergründigen, oberflächlichen und von den Zufälligkeiten der Drehgelegenheiten beeinflußten Berichterstattung; es veranlaßt manche Autoren zu abenteuerlichen Versuchen, ihre Texte um jeden Preis dem Bild anzupassen (in einer Filmszene sieht man, wie ein Soldat mit seinen Stiefeln auf einen Drahtverhau steigt, dazu der Begleittext: „Die Bundeswehr – immer auf Draht"); oder Bild und Text sind soweit voneinander entfernt, daß der Zuschauer sich ratlos fragt, ob er nur zusehen oder lieber die Augen schließen und zuhören soll; und manchmal scheint es, als handelten die Teams unter einer Art von Vollzugszwang, alles zu bebildern, koste es, was es wolle.

Dafür als *Beispiel ein Zitat* aus der FAZ über einen Nachrichtenbeitrag des Fernsehens:

> Das läuft dann so ab: Der Korrespondent spricht über den bevorstehenden Besuch Nixons im Kreml (Kamera schwenkt den Kreml ab), während dem das Sternenbanner aufgezogen werde (Kamera zeigt eine Flagge), erläutert die voraussichtliche Problematik der Gespräche (Kamera macht eine geschwinde Sight-Seeing-Tour durch Moskaus illustre Stätten) und geht dann auf die Lage in Vietnam ein (Kamera vollführt heftige Zoom-Bewegungen und bleibt schließlich auf einer Turmuhr, die Viertel vor Zwölf zeigt, stehen)."

Der Zuschauer sollte grundsätzlich davon ausgehen, daß ihn das Fernsehen wenn schon nicht an der Nase, so doch sehr an den Augen herumführt, und daß es seinem Publikum oft wichtige Informationszusammenhänge schuldig bleibt, weil sich langfristige Entwicklungen besser im Wort darstellen lassen als im Bild.

[2] *Dramaturgische Verzerrungen*

Das Fernsehen kann immer nur Ausschnitte aus einem Gesamtbild vermitteln. [. . .] Die Möglichkeiten der Manipulation durch den Zwang zu Ausschnitten (oder durch bewußt einseitige Bevorzugung bestimmter Einstellungen) sind beim Film nahezu unbegrenzt: Im Gegensatz zur meist an einen festen Standort gebundenen Live-Kamera ist die Filmkamera beweglicher. Sie kann über Monate und Kontinente hinweg mit gezielter Absicht Material sammeln, das am Schneidetisch einer weiteren Beeinflussung unterliegt. Das bedeutet aber keineswegs, daß man sich den Live-Übertragungen ohne Skepsis anvertrauen kann. Der Zwang zur Begrenzung des übermittelten Bildausschnitts macht sich gerade dann oft störend bemerkbar, wenn man weiß, daß man *zeitlich* unmittelbar am Ablauf eines Ereignisses beteiligt ist, während man *optisch* der Diktatur vom Mischpult des Übertragungswagens unterworfen ist.

Nehmen wir ein Beispiel aus der Sportberichterstattung. Welcher Zuschauer hat sich bei Live-Übertragungen von Fußballspielen nicht schon darüber geärgert, daß ihm eine Kameraeinstellung von spontan reagierenden Zuschauern vorgesetzt wurde, während sich auf dem Rasen eine dramatische Aktion vollzog, an der er gerade „dranbleiben" wollte. Oder: Man zeigt ihm Spieler bei Angriffs-Situationen in so großer Einstellung, daß jede Übersicht, wo die Mitspieler oder Gegner stehen und in welchem Abstand zur Mittellinie oder zum angegriffenen Tor sich die Szene abspielt, einfach ausgeschlossen ist – und damit ist der Zuschauer (zumindest für begrenzte Zeit) vom Einblick in größere Zusammenhänge abgeschnitten, ein Fehler, den das Fernsehen in weniger offenkundiger Art sehr häufig begeht.

Wenn ich eingangs davon sprach, daß „Fernsehen ohne Manipulation gar nicht machbar" ist, so meine ich vor allem diesen Zwang, sich für einen Ausschnitt zu entscheiden. Ich kann mir viele Störeffekte der „objektiven Manipulation" wegdenken: da sind Korrekturen, soweit man sie tatsächlich für wünschenswert hält, in Hülle und Fülle möglich. Aber der Entscheidung, welchen Ausschnitt aus einer Totale realen Geschehens der Zuschauer zu sehen bekommen soll, kann sich kein Regisseur und kein Film-Macher entziehen, und da liegen die oft übersehenen Grenzen des Mediums.

Ein weiteres Moment der Verzerrung (bis hin zur Verfremdung) ergibt sich aus der Notwendigkeit, reale Abläufe zu kürzen und zu dramatisieren, obwohl sie ursprünglich weder kurz noch dramatisch waren. Der Zwang zur Großaufnahme für den kleinen Bildschirm und das Bemühen um faszinierende Montagen (damit der Zuschauer nicht abwandert) sind medienbedingte Präsentationsmittel, die einer unverfälschten Wiedergabe von Realität entgegenstehen. Ein Fernsehregisseur wird sich immer darum bemühen, auch das langweiligste Fußballspiel zwischen zwei drittklassigen Mannschaften zumindest nicht langweilig darzustellen, wenn es nicht sogar unter den Händen eines Kameramanns, der eine Schwäche für Tele-Einstellungen hat, und eines Cutters, der für ein bißchen „Dynamik" sorgt, zu einem „Klasse-Spiel" aufgewertet wird. Jedenfalls sind drei Minuten im Fernsehen oft weit „lebendiger" als eine Stunde „vor Ort", und daraus resultiert – gerade für Kinder – die Gefahr, daß die Realitätsvermittlung des Fernsehens als interessanter (und in jedem Fall als bequemer) empfunden wird als das Sammeln eigener Erfahrungen.

[3] *Über-Repräsentation des Vorhersehbaren*

Wer nun etwa glaubt, daß wenigstens die Nachrichtenprogramme des Fernsehens eine objektive Unterrichtung garantieren, muß korrigiert werden: auch hier sind Zweifel nicht nur erlaubt, sondern notwendig. Warum? Aus einer Flut von Nachrichten und Bildern muß mehrfach am Tag das Wichtigste ausgewählt werden (Wer wählt aus? Nach welchen Gesichtspunkten?); Placierung und Zeitdauer eines Beitrags beeinflussen seinen Stellenwert und das Erinnerungsvermögen des Zuschauers; in einer Reihe von Ländern werden die TV-Berichte ausländischer Korrespondenten zensiert, infolgedessen bestimmte Informationen beeinflußt oder ganz unterbunden; bei der Berichterstattung über innenpolitische Kontroversen entscheidet nicht nur der Informationswert einer Nachricht, sondern auch die Verpflichtung, möglichst jede Partei proportional zu Wort kommen zu lassen – auch wenn (oder gerade weil) nur Phrasen gedroschen werden. Für alle Nachrichtenprogramme gilt die Feststellung, daß die *vorhersehbaren* Ereignisse immer überrepräsentiert erscheinen. Was sich im voraus planen und disponieren läßt (z. B. Parlamentsdebatten, Staatsbesuche, Brücken-Einweihungen) hat immer mehr Chancen, ins Programm aufgenommen zu werden, als unvorhergesehene Neuigkeiten von vergleichbarem Nachrichtenwert. Denn wenn wirklich etwas passiert, ist fast nie eine Kamera dabei. Da hilft man sich dann mit Archiv-Bildern („eine Maschine dieses Typs ...") oder läßt einen Reporter an Ort und Stelle vor der Kamera berichten, was geschehen ist (illustrierter Hörfunk).

Überrepräsentiert sind auch Berichte aufgrund vorhandener Verbindungen, sei es, daß man Korrespondenten „beschäftigt", obwohl sich in ihrem Bereich nichts Besonderes abgespielt hat, oder daß man aus installierten Studios (z.B. in Parlamenten) auch vor Belanglosem nicht zurückschreckt, weil sich so etwas vorher einplanen läßt und sich die Außenmitarbeiter auch im Programm sehen möchten. Die schon beschriebene Gefahr der Dominanz (oft austauschbarer) Bilder geht gerade bei Nachrichtensendungen mit der Über-Repräsentation des Vorhersehbaren Hand in Hand und stellt in Verbindung mit bereits behandelten Kriterien das Fernsehen hinsichtlich seiner Zuverlässigkeit als Informationsinstrument doch sehr in Frage.

[4] *Verhaltenszwang vor der Kamera*

Das Fernsehen gibt nicht nur Realität verändert wieder, es verändert auch Realität. Das Auftauchen eines Fernsehteams wird von fast niemandem mit Gleichmut und Gelassenheit zur Kenntnis genommen, im Gegenteil. Eine eben noch normale Versammlung natürlich reagierender Menschen verwandelt sich beim Einschalten des ersten Scheinwerfers oft in eine affektierte Gesellschaft, und selbst der von der Kamera unauffällig beobachtete einzelne wird im gleichen Augenblick, in dem er dies erkennt, ein anderer: das auf ihn gerichtete Objektiv vertreibt ihn aus dem Paradies seiner Unbefangenheit. Der Anvisierte wird sich sehr darum bemühen, so zu tun, als wisse er nicht, daß man ihn filmt, also unbefangen zu *wirken* (wobei ihm klar ist, daß er überallhin schauen darf, nur nicht dahin, wo die Kamera steht). Bei Demonstrationen und ähnlichen Anlässen auf den Straßen kann die Tatsache, daß gefilmt wird, sogar Handlungen auslösen, die normalerweise unterblieben wären. Fernsehteams, die auszogen, um randalierende Studenten zu filmen, bekamen prompt zu sehen, was sie sich wünschten, wobei sich die Proteste teilweise (für den Zuschauer nicht immer erkennbar) gegen die Anwesenheit des Teams richteten.

Interviewpartner, die bei der Vorbesprechung einer geplanten Aufnahme vernünftig und plausibel artikulierten, was sie sagen wollten, kommen angesichts der Kamera plötzlich ins Schwimmen, werden unpräzise, verheddern sich: die Konfrontation mit dem Fernsehen beschert vielen Menschen das Unbehagen einer Befangenheit, die das Porträt der Persönlichkeit ebensowohl zeichnen wie auch verzeichnen kann. Und jeder Fernsehjournalist, der mit kritischer Absicht auszieht, weiß sehr wohl, daß sein bester Verbündeter die Eitelkeit der Menschen ist: sie geht so weit, daß manche Interviewpartner jeden Blick dafür verlieren, wie sehr sie sich decouvrieren. In bestimmten Fällen mag dieses Verhalten sogar der Wahrheitsfindung nützen, weil der Drang, im Fernsehen zu erscheinen, mitunter natürliche Hemmungen und rationale Überlegungen völlig ausschaltet. Aber weitaus häufiger muß man feststellen, daß sich durch das Bewußtsein, für das Fernsehen aufgenommen zu werden, bei den meisten eine bewußte Verhaltenskontrolle einstellt, die nicht ihrem normalen Verhältnis zur Umwelt entspricht. Man sollte sich als Zuschauer gelegentlich daraufhin erforschen, wie man sich selbst in einer Situation, die man im Fernsehen beobachtet, vor der Kamera verhalten würde.

3.4. Knut Hickethier, Barbara Scholtyssek: Notizen zur Programmpolitik

Das Programm ist die Gesamtheit der von den Sendern ausgestrahlten einzelnen Sendungen. Ein Programm aufzustellen und auszustrahlen ist die zentrale Aufgabe der öffentlich-rechtlichen Fernsehanstalten. Die Aufgabe ist derart selbstverständlich, daß sie in den Rundfunkgesetzen nicht erwähnt wird. Zwar werden sehr weit die Richtlinien für die einzelnen Sendungen aufgestellt, nicht aber für die Gestaltung des Programms als Gesamtheit in seiner zeitlichen wie inhaltlichen Ausgestaltung (inhaltlich meint hier den Bedeutungszusammenhang, der sich durch die Zusammenstellung verschiedener einzelner Sendungen ergibt, die Beeinflussungen, die durch vorangegangene und folgende Sendungen entstehen). Die Gestaltung des Programms ist in das Ermessen der einzelnen Anstalten gestellt, sie liegt in der Verantwortlichkeit des einzelnen Intendanten, d. h. aber auch die Gestaltung des Programms ist abhängig von den Aufsichtsgremien der Fernsehanstalten und damit auch von den politischen Machtverhältnissen im Staat.

Gegenüber anderen Medien zeichnet sich das Medium Fernsehen durch die Schnelligkeit seiner Übermittlung bei einer gleichzeitigen Vielfalt der verwendeten Zeichensysteme aus. Der Zuschauer hat (nach G. Albrecht) durch den Aktualitätscharakter des Fernsehens „die Gewißheit, mit Hilfe des Fernsehens am gegenwärtigen Leben, wie es tatsächlich – und sei es auch nur in einem Theater oder auf einem Sportplatz – sich augenblicklich ereignet, teilzunehmen".

Auch wenn dieser Eindruck des augenblicklichen Dabeiseins des Zuschauers nur auf der dem Zuschauer vermittelten ‚Augenzeugenideologie' basiert, ist zu fragen, was das Fernsehen an Realität widerspiegelt, welche Ausschnitte des realen Lebens im Fernsehen gezeigt werden. Was führt das gesamte Programm an ‚Welt' dem Zuschauer vor, an der dieser teilhaben darf.

Das Programm bietet eine Vielfalt einzelner Bilder, aus der sich im Kopf des Zuschauers ein Bild von der Welt, ein Bewußtsein bilden soll, mit dem sie dann auf ihre Umwelt im Sinne ihrer Selbstverantwortung und Selbstbestimmung verändernd einwirken sollen. Dieter Stolte hat 1972 von einem neuen Typ des Programm-Machers gesprochen, der in der Zukunft sich erst

> „wird bewußt gemacht haben, daß er trotz allem Bemühen die Wirklichkeit nur ausschnittweise und bruchstückhaft vermittelt, daß das Objektiv der Kamera nicht objektiv ist, da die von ihm getroffene Auswahl immer schon ein mehr oder minder reflektiertes Bild vom Menschen und der Gesellschaft voraussetzt. Er wird sich aber nicht nur dieser Bedingungen seiner Arbeit bewußt sein, sondern sie vor allem seinen Zuschauern bewußt machen."

Das aber sieht auch Stolte noch als Zukunftsaussichten, die augenblickliche Situation ist anders.

Im Programmangebot wird deutlich, welche Selektionen im Geschehen der objektiven Realität von den Programm-Machern vorgenommen werden, was ihnen an Informationen und an Unterhaltung wesentlich und wichtig ist. Am Programm wird aber auch deutlich, welche Vorstellungen bei den Programm-Machern von den Erwartungen des Publikums bestehen, welche gesellschaftlichen Gruppen angesprochen werden sollen, welche nicht etc.

Programmplanung ist deshalb mehr als die bloße Aneinanderreihung von einzelnen Sendungen, Programmplanung ist zugleich auch Programmpolitik. Die öffentlich-rechtlichen Sendeanstalten stellen mit ihrem Programm etwas her, was man als ‚Teilöffentlichkeit' bezeichnen kann. Hier kann zwar der einzelne Zuschauer sowieso nur rezipieren, was ihm vorgesetzt wird, er kann nicht aktiv an dieser Öffentlichkeit teilnehmen im Sinne einer Stellungnahme, Darlegung der einzelnen oder der Gruppenmeinung. Aber auch schon was vom gesamten Angebot rezipiert werden kann, wird gelenkt durch die Programmplanung.

Im Gegensatz zur Presse, bei der der Rezipient immer zugleich das ganze Produkt kauft und damit zur Rezeptionsverfügung hat, bei der er selbst weitgehend den Rezeptionsverlauf bestimmen kann, ist beim Fernsehen durch den Zeitfaktor in der Ausstrahlung des Programms ein wesentlicher Faktor der Rezeption vom Sender her bestimmt. Die Planung des Programmverlaufs mit seiner zeitlichen Planung einzelner Sendungen ist deshalb für die Rezeption einzelner Sendungen von entscheidender Bedeutung.

Welche Gruppen vom Publikum wann Zugang zu der vom Medium hergestellten Teilöffentlichkeit haben, wird durch das Programm bestimmt. Denn das Programm ist immer zugleich auch im Zusammenhang zu den Nutzungszeiten und -möglichkeiten des massenmedialen Angebots zu sehen. Nur zu bestimmten Zeiten – in Abhängigkeit vom Arbeitstag, vom Reproduktionsbedürfnis nach Schlaf und den sonstigen Verpflichtungen der einzelnen Rezipienten im Zeitraum ihrer sogenannten ‚Freizeit' wird das Medium genutzt, stellt sich diese ‚Öffentlichkeit' her.

Programmplanung greift jedoch noch weiter in den Lebensbereich der Rezipienten ein, durch das massenmediale Angebot wird auch die Zeit außerhalb der Arbeitszeit mit strukturiert. Dabei sind nicht die vielzitierten leergefegten Straßen bei einem ausgestrahlten Kriminalfilm von Interesse, sondern die langfristigen Veränderungen, die durch bestimmte Programmpläne das Verhalten von großen Teilen der Zuschauer beeinflußten.

3.5. U. Paetzold: Wie ‚objektiv' können Nachrichten sein?

Die Frage drängt sich demnach auf: Wo entstehen die Nachrichten? Nachrichten entstehen aus gesellschaftlichen und politischen Prozessen, über die etwas zu veröffentlichen Interesse besteht. Ein neuer Begriff also, der sich denen der Wahrheitstreue und Objektivität zugesellt: *Interesse.* Interesse jedoch ist ein Begriff, der es nicht mehr zuläßt, ohne weitere Verbindungen gebraucht zu werden.

Zum einen sind Interessen wesentliche Kräfte, die um Einfluß auf den Rundfunk ringen und solche Meldungen in die Sendung bringen wollen, die sie für öffentlich relevant halten. Zum anderen gibt es Hörer- und Zuschauerinteressen, die in den Nachrichten ihren Niederschlag finden. Das sind beispielsweise Wetterbericht, Totozahlen, Verkehrsinformationen Servicenachrichten. Diese letztere Kategorie soll hier nicht weiter beschäftigen.

Wenn Nachrichten aus gesellschaftlichen und politischen Prozessen entstehen, dann bedeutet das: in diesen Prozessen kommen Kräfte miteinander oder auch gegeneinander in Bewegung. Diese Kräfte haben ein Interesse daran, daß über ihre Wirksamkeit etwas veröffentlicht wird. Manche Kräfte haben bisweilen auch viel Interesse daran, daß über ihr Wirken nichts veröffentlicht wird, daß sie überhaupt nicht ins öffentliche Gespräch kommen. Die Träger von Interessen, die „Interessenvertreter“, wie man so unzutreffend in der deutschen Sprache sagt, sind also die wesentlichsten Quellen von Nachrichten. Daraus folgt: Die Quellen von Nachrichten sind identisch mit bestimmten Interessen, sie sind dazu da, bestimmte Absichten in die öffentliche Verbreitung von Nachrichten zu bringen.

Der gesellschaftliche Charakter der Informationsquellen ist dadurch gekennzeichnet, daß in ihnen Interessen und Absichten organisiert zum Ausdruck kommen. Dazu werden publizistische Mittel benötigt. Die großen gesellschaftlichen Gruppen, wie Arbeitgeberverbände, Kirchen, Parteien und Gewerkschaften verfügen über eindrucksvolle Informationsapparate. Diese Informationsapparate verschaffen ihnen ein publizistisches Gewicht, das kleinere und vor allem schwächere Gruppen nicht haben. Fällt es den Parteien leicht, beispielsweise Mitteilungen über Absichten in der Mietgesetzgebung zu machen, so können die Betroffenen, die Mieter, publizistisch nicht adäquat reagieren.

Am Anfang steht also nicht die Nachricht! Am Anfang stehen die organisierten Interessen von Parteien und Gruppen, die über die Mittel verfügen, ihre Interessen in Nachrichten zu überführen. Wenn aber die Nachricht von Anfang an eine solche Nähe zu Interessen hat, zu gesellschaftlich und politisch voneinander geschiedenen Gruppen und Parteien, dann sind die Nachrichten, wie sie letztlich über den Rundfunk ausgestrahlt werden, zunächst nicht „wahrheitsgetreue“ und „objektive“ Ausdrücke, sondern sie sind subjektive Wahrheiten und nur Teilaspekte der „Objektivität“. Genau dies aber findet in den Nachrichten nicht die entsprechende Form. Die Form der Nachrichten spiegelt eine täuschende Allgemeingültigkeit der Nachrichten vor. Sie apostrophiert das Faktische, das unbestreitbar Richtige. Ihre Form liegt fest in den grammatikalischen Grundstrukturen der Sprache, wie sie von den Nachrichtenagenturen geprägt sind. Diese grammatikalischen Grundstrukturen abstrahieren von dem subjektiven Ausgangspunkt der Nachricht und verkleiden diese in eine Tatsachenmeldung, wertneutral gegenüber dem, wovon sie Mitteilung macht.

Wie die Nachrichten, die aus gesellschaftlichen Interessen entstanden sind, ist auch die Sprache nicht wertneutral. Nach allem, was wir bisher wissen, gibt es in der Alltagssprache keine Wertneutralität. In der Mathematik mag es möglich sein, einen Sachverhalt in eine ihm entsprechende Form zu bringen, unabhängig, wer damit umgeht. In diesem Sinne kann die Alltagssprache Sachverhalte, gesellschaftliche und politische Wirklichkeit nicht objektivieren. Die Sprache vermittelt die vom jeweiligen Bewußtsein bestimmten Vorstellungen von den Gegenständen und Vorgängen, über die etwas gesagt wird. Sie ist somit sowohl die Dinge benennend als auch die Bedeutung der Dinge anzeigend. Sie ist weder das eine noch das andere, sondern immer beides zusammen. Die Sprache ist also die Form, in der Interessen ihren kommunikativen Ausdruck finden. Daher sind Interessen, die zu Nachrichten werden, zweckbestimmte Ausdrucksformen. Sie sind Ausdrucksformen von Absichten und Behauptungen.

Dies sind alles Aussagen, die wesentlich zur Klärung dessen sind, was man grundsätzlich Nachrichten nennt. Kritisch ist gegen die Praxis der Nachrichtenredaktionen zu fragen, warum derartige Bestimmungen nicht zum Bestandteil ihrer täglichen Arbeit gemacht werden. Ein Beispiel: Wann immer sich Tarifverhandlungen zuspitzen, meldet der Nachrichtensprecher: „Ein Streik droht . . ." Diese Sprachstereotype wird kaum hinterfragt, nicht einmal von den Gewerkschaftssprechern. Einen Streik der Öffentlichkeit als ein Absolutum zu präsentieren, das als böse Naturgewalt über die Gesellschaft fällt – ähnlich dem Ausbruch des Vesuvs – deutet auf eine jahrzehnte alte Diffamierung der Aktionen von Gewerkschaften hin. Es gibt martialische und rechtschaffene Kräfte in der Gesellschaft. Streiks gehören in den offiziellen Nachrichten zu den Ereignissen, die dem Unheil eines Hagelschlags nahekommen. Denn zugleich wird mit dem Wort „drohen" beim Zuschauer und Zuhörer jenes immer wieder angesprochene Reinlichkeitsgefühl für Ruhe und Ordnung im gesellschaftlichen Zusammenleben aktiviert, das alles „Störende" als gesellschaftsfeindlich oder parasitär abstempelt. Eine Grundhaltung, die den politischen Parteien sehr nützlich ist, weil sie ihr Herrschaftsmonopol erleichtert.

Dieses Gefühl für Harmonie und partnerschaftliche Zusammenarbeit wird durch die Nachrichten über politische Vorgänge positiv gezüchtet. Anständige Politiker zeichnen sich dadurch aus, daß sie ihre Dinge von Mensch zu Mensch regeln. Drohungen kommen höchstens von Politikern aus dem Osten, die ohnehin nicht ganz lupenreine Menschen sind. So ist Kohl zwar immer der „Vorsitzende der CDU"; aus Breschnew macht man lieber den „Chef".

Was in dem Begriff der „Sozialpartnerschaft" anklingt, läßt das, was man bisweilen auf der Straße oder im Betrieb sieht, nicht mehr vereinbar erscheinen mit Sitte und Anstand in einer „modernen Industriegesellschaft". So ist denn auch nicht verwunderlich, daß die Arbeitswelt, die doch für die Existenz der Menschen so unmittelbar entscheidend ist, aus den Nachrichtensendungen fast gänzlich verbannt ist. Zwar blitzt manchmal auch im Fernsehen auf, was es wohl mit dem schönen Begriff der „Sozialpartnerschaft" auf sich hat, wenn Unternehmer „ihre" Arbeiter entlassen, weil der Betrieb „unrentabel" geworden ist, aber solche Nachrichten gehören an den Rand, meistens kippen sie in den Papierkorb. Der Alltag der arbeitenden Menschen ist grundsätzlich nicht aktuell für die Nachrichten. Nur Sensationen und „Unglücksfälle" im Arbeitsalltag gelangen durch die Nachrichten ins öffentliche Gerede.

Ähnlich verhält es sich mit den Meldungen über die Tarifpolitik. Abstrakta werden als Fakten geliefert: Lohnpolitik als Gerangel um Prozentzahlen. Zwar ist zu erfahren, wieviel Prozent mehr Lohn der Chemiearbeiter nach einer Tarifrunde zu erwarten hat. Er bekommt auch noch die mahnende Äußerung eines Arbeitgebersprechers frei Haus, in der von großer Besorgnis um das Allgemeinwohl, von der Notwendigkeit steigender Preise die Rede ist. Aber von Profiten in der Chemiebranche oder anderen Branchen ist in den Nachrichten nie die Rede.

Nachrichtenpolitik – wenn es eine solche überhaupt gibt – zeichnet sich nicht durch das aus, was bisher leichtfertig mit Manipulation gemeint wurde. Nachrichtenredakteure verrichten ihr Werk im guten Glauben, unparteiisch zu sein und den wirklichen Ereignissen so nahe wie möglich zu kommen. Aber das Problem muß dennoch gerade von den Gewerkschaften gesehen und angegangen werden: die Nachrichten, reduziert auf das „Faktische“, stärken das Konservative, das Beharrende im Denken der Menschen. Das Progressive drückt sich, solange es auf Überwindung von Zuständen drängt, in Ideen und Gedanken aus. Es hat nicht die Kraft des Faktischen; es hat deshalb für Nachrichtensendungen wenig Chancen.

Man bedenke nur, wie schwer es ist, die Menschen für die Mitbestimmung am Arbeitsplatz zu gewinnen. Der Begriff ist alt, in zahlreichen Nachrichtensendungen wird er erwähnt. Aber wo sind die Nachrichten, die über praktizierte Mitbestimmung informieren? Eng mit dieser Feststellung verbunden sind die Versäumnisse, den Bereich der Wirtschaft in den Nachrichten zu durchleuchten. Die Sprache der Wirtschaftsnachrichten bietet dafür Gewähr, daß die Mehrheit der arbeitenden Menschen sie nicht versteht, also auch nicht durchschaut, wovon sie handeln. Hier haben die Gewerkschaften sträflich versagt, indem sie es zugelassen haben, daß die Formulierung der Wirtschaftsnachrichten dem Kapital und den Wirtschaftswissenschaftlern überlassen blieb. Wirtschaft – ein Begriff, der mit Unternehmen und Unternehmer gleichgesetzt wird – ist zwar etwas, das jeden betrifft, der man aber unwissend und ohnehin arbeitsabhängig ausgesetzt bleibt. Wie soll da der Begriff „Mitbestimmung“ den Leuten etwas sagen?

3.6. E. Straßner: Die TV-Nachrichtensendung ‚Heute'

Versucht man das Verhältnis von Sprechzeichen zu den Bildzeichen abzugrenzen, so ergibt sich, daß ein Teil der optischen Zeichen zusätzliche Information gibt, illustrativ zu den Wortmeldungen ist, während die Mehrzahl der abgedrehten Filmmeter nur dem Anspruch der Anstalten und Macher dient, bei TV-Nachrichten müsse es eben flimmern. Die verwendeten Filme, Reportagen, Debattenausschnitte und Interviews scheinen nicht ausschließlich zur Information einer breiten Konsumentenschaft eingesetzt zu werden, sie dienen zu einem großen Teil der Selbstrepräsentation der Anstalten und ihrer Mitarbeiter. Die Auswahl ist offensichtlich nach diesem spezifischen Gesichtspunkt vorgenommen worden. Interviewpartner demonstrieren häufig – da sie ja nicht gefordert werden, da es ihnen erlaubt wird, nichtssagende Aussagen zu machen, sich hinter einem Wortschwall zu verstecken – ihre Beziehungen zu den ‚opinionleaders‘. Den Interviewern eröffnen sich Möglichkeiten der Selbstdarstellung, der Bestätigung dessen, was nicht gesagt wurde, des Eindrucks auf den Konsumenten, sich mit der führenden Persönlichkeit auf dergleichen Wellenlänge zu befinden. Filmberichte sind oft in erster Linie Ausdruck des Präsentseins, des In-vorderster-Linie-Stehens, der eigenen Aktualität. Weitere Ursachen für das Auseinanderklaffen von Wort- und Bildinformation, sehr häufig auch innerhalb von Reportagen und Filmberichten, sind sicher in der Produktionsteilung zu suchen. Meldungen und ergänzende Bilder, Filme und unterlegte Texte, Filme und eingesprochene Berichte und Kommentare decken sich dann nicht, wenn zeitlich eine Differenz zwischen Aufnahme und aktuellem Ereignis herrscht. Auch bei für bestimmte Ereignisse geplanten Aufnahmen läßt die Analyse den Schluß zu, daß Kameraleute und Reporter nebeneinander arbeiten, daß keine Absprachen vorher getroffen werden, keine hinreichenden Konzepte vorhanden sind, keine Treatments den Berichten zugrunde liegen. Bei eingespielten und im Studio betexteten Filmen ist die Diskrepanz noch größer. Der Mangel an Zusammenarbeit zwischen Bild- und Wortproduzenten, die Konzeptionslosigkeit bei Reportagen (dokumentiert auch in der ersten Sendung von „betrifft: Fernsehen" bei den Aufnahmen für eine Reportage über den Massenverkehr in Berlin, ZDF 18. 3. 74, 19.30 Uhr) bewirkt die Diskrepanz zwischen Bild und Ton, verursacht die Bindungslosigkeit der Texte. Es wäre zu fragen, weshalb sich die verantwortlichen Ton-Text-Redakteure auch heute noch mit dem meist schlechten, klischeehaften, nichtssagenden Bildmaterial zufriedengeben und nicht ihrerseits Anordnungen und Richtlinien für die anzuliefernden Filme geben. In diesem Bereich, in einem Zusammenwirken zwischen Bild- und Wortproduktion, in dem Versuch, klare Textbindungen zu schaffen, scheinen mir wesentliche Zukunftsaufgaben und Verbesserungsmöglichkeiten für die Redaktion zu liegen.

3.7. Michael Abend: Die Tagesschau. Präsentation und Illustration

Das wohl schwierigste Problem der Fernseh-Nachrichten ist die *Illustration,* die medienspezifische visuelle Darstellung auch abstrakter Inhalte, der berühmte Zeigezwang.

Die Idealvorstellung der *Kongruenz von Wort und Bild* – also alle Nachrichten so illustrieren zu können, daß das Bild nicht vom Inhalt ablenkt, sondern ihn stützt – ist bislang nicht zu verwirklichen. Gerade die Meldungen, die wegen ihrer direkten oder indirekten Auswirkungen den Zuschauern besonders verständlich gemacht werden müßten, sind häufig abstrakt, wie etwa der Inhalt von Erklärungen oder das Ergebnis von Konferenzen. Oft bleibt da nur der Ausweg, die Agierenden zu zeigen, oder jene, die Verantwortung tragen oder betroffen sind, reden zu lassen. Ein Tankerbrand ist eben leichter zu illustrieren als ein Erlaß gegen die Einstellung von Radikalen im Öffentlichen Dienst. Und Kämpfe am Suez-Kanal lassen sich filmisch darstellen, die Ursachen der Energiekrise kaum.

Aus diesem Grunde sind noch immer soviele „Köpfestücke", Konferenzbilder und Besucher-Ankünfte in den Nachrichtensendungen. Sie sind eben oft die einzige Illustrationsmöglichkeit. Ganz überflüssig sind sie ja auch wieder nicht, denn sie zeigen wenigstens die Agierenden – und auch das ist eine Art von *Dokumentation.* Andererseits sollte nicht vergessen werden, daß Filme oft einen eigenen Informationswert haben und die Teilnahme des Zuschauers verstärken können. Sie erst verdeutlichen die Grausamkeit eines fernen Krieges oder die Folgen einer Hungersnot. Sie erst geben einen plastischen Eindruck vom ersten Schritt eines Menschen auf dem Mond oder von der Leere eines Plenarsaales. Sie erst vermitteln die Atmosphäre bei einem Streik oder einem Gipfelgespräch. Sie berichten nicht nur über Vorgänge, Zustände und Aussagen, sondern zeigen, was vorgeht und wer wie handelt.

Daß bei der *Auswahl von Film-Ausschnitten* die Grenzen der Objektivität besonders eng sind, liegt auf der Hand. Was der Zuschauer zu sehen bekommt, ist nicht nur von der Entscheidung der Redakteure abhängig, sondern in viel stärkerem Maße davon, was gefilmt wird und was sich überhaupt filmen läßt. So ist es nicht zu vermeiden, daß manchmal Randerscheinungen, weil sie filmbar sind, ein optisches Übergewicht gegenüber der Kerninformation erhalten und möglicherweise den Zuschauer von dieser ablenken. Da nach allen Theorien und Erfahrungen die optische Information weitaus stärker wirkt als die akustische, ist auch unter dem Aspekt der Ausgewogenheit die Verantwortung des Redakteurs bei der Auswahl der Film-Einstellungen besonders groß. Das gilt gleichermaßen für die Auswahl von Originaltönen. Ausschnitte aus Pressekonferenzen oder Bundestagsdebatten können immer nur minimale Teile des Ganzen wiedergeben und Akzente setzen.

Daß führende Personen aus Politik, Wirtschaft und anderen Bereichen so häufig in den Fernseh-Nachrichten zu Wort kommen, wird von manchem Kritiker als unzulässige *Personalisierung* zulasten der tatsächlichen Meinungsbildungs- und Entscheidungsprozesse verurteilt. In allen Gesellschaftsordnungen aber, von der faschistischen bis zur kommunistischen, werden Entscheidungen von Personen oder Personen-Gruppen vorbereitet, getroffen, bekanntgegeben und verantwortet. In Nachrichtensendungen können in der Regel nur jene zu Wort kommen, die für eine Gruppe oder ein Gremium sprechen. Dabei geht es nicht nur um Legitimation, sondern auch um Kompetenz und Verantwortlichkeit. Sicher wird oft ein Referent besser über ein Problem Bescheid wissen als der Minister. Wenn aber eine Aussage erst durch den Minister für die Bürger Bedeutung und Verbindlichkeit erhält, dann sollte sie auch der Minister gegenüber der Öffentlichkeit vortragen; er muß sie ja auch gegenüber der Öffentlichkeit verantworten. Daß Fernseh-Auftritte auch zur Image-Pflege genutzt werden, läßt sich nicht vermeiden.

Um Inhalte optisch zu verdeutlichen, beschreitet die Tagesschau verstärkt auch den Weg, eigene *Grafiken* zu zeigen. Viele Themen, gerade aus dem Wirtschafts- und Sozialbereich, lassen sich so mit dem Ziel größerer Verständlichkeit illustrieren. Wo erforderlich, wird im Sinne der optisch-akustischen Kongruenz dem Zuschauer die Aufnahme der Informationen durch sukzessiven Aufbau der Grafiken erleichtert. Details – wie Zahlenangaben oder Begriffe – werden parallel zu dem vom Sprecher verlesenen Text eingeblendet oder mit Hilfe des „elektronischen Griffels" zeilenweise aufgezogen.

Als optische Hilfen sind auch die *Hintergrund-Illustrationen* gedacht, die durch die Einführung des „Blue-Screen"-Verfahrens im Zuge der Tagesschau-Reform vom 15. September 1973 möglich wurden. Mit diesem Verfahren kann hinter dem Sprecher jeweils eine zum verlesenen Text passende Illustration eingeblendet werden. Auf diese Weise wird die beherrschende Stellung des Sprechers abgebaut. Vor allem aber soll die Hintergrund-Illustration dem Zuschauer sofort das jeweilige Thema signalisieren, damit er es assoziativ erfaßt und seine ganze Aufmerksamkeit dem Inhalt zuwenden kann. Wenn dieses Ziel erreicht werden soll, muß die Hintergrund-Illustration so einfach wie möglich sein und darf dem Zuschauer keine Rätsel aufgeben. Die Tagesschau verwendet dafür Fotos mit Symbolcharakter, allgemeingültige Symbole, selbst entwickelte Symbole und Karten. Wenn nötig, werden sie durch ein Stichwort ergänzt.

Ob die Hintergrund-Illustrationen in dem Maße, wie es sich die Tagesschau erhofft, die Verständlichkeit fördern, ist noch wissenschaftlich zu untersuchen. Die Redaktion ist sich bewußt, daß genau das Gegenteil eintreten kann, daß nämlich Zuschauer selbst durch das leicht faßliche optische Signal von der gleichzeitig vom Sprecher verlesenen Meldung abgelenkt werden könnten. Auch könnte die Verwendung von Symbolen und Grafiken, mit denen wir abstrakte Inhalte schaubar zu machen versuchen, klischeehafte Vorstellungen von gesellschaftlichen Zuständen und Funktionen zusätzlich verfestigen.

Auch wenn die Ergebnisse wissenschaftlicher Untersuchungen vorliegen, wird immer noch grundsätzlich und in jedem Einzelfall abzuwägen sein, ob die Chance zu besserer Verständlichkeit durch optische Mittel größer ist als die potentielle Gefahr, daß Symbole – die ja immer Vereinfachung sind – Vorstellungen stabilisieren. Die Tatsache, daß diese optischen Hilfsmittel von jenen abgelehnt werden, die an die akustische Aufnahme abstrakter Information gewöhnt sind, kann kein Kriterium sein. Entscheidend ist, ob sie der breiten Mehrheit der weniger Gebildeten Anreize zur Aufmerksamkeit und Hilfen zum Verständnis geben.

3.8. K. Richter, G. Schatzdorfer: Die Verwischung von Abbild und Wirklichkeit

Als Ganzes hat Fernsehen Nachrichtencharakter. Es entwickelte sich auch aus der Nachrichtentechnik und sollte dazu dienen, aktuelle Nachrichten zu bebildern; den ersten Erfindern schwebte so etwas wie ein Bildtelefon vor. Der Nachrichtencharakter des Fernsehens macht seine Ambivalenz aus, die bereits in der Nachricht selbst liegt: sie betrifft ein Ereignis, ist aber nicht mit ihm identisch. Statt des Gegenstandes selbst, der ihm vorenthalten bleibt, erfährt der Rezipient in der Nachricht bereits das Urteil über diesen, bevor er sich selbst eines machen kann. Er macht keine eigene Erfahrung. Er er-fährt ja auch nichts, sondern die Ereignisse werden zu ihm gebracht (dieser Aspekt wird übrigens sehr ausführlich in einem wichtigen Aufsatz von Günther Anders behandelt).

Der Gegenstand, über den benachrichtigt wird, erschöpft sich bei der Nachricht auf das, was von ihm berichtet wird. Das Ereignis setzt die Nachricht in Gang, aber sie gewinnt ein Eigenleben, kann sich an Stelle des Ereignisses setzen. Der Unterschied zwischen Nachricht und Ereignis verschwimmt: Ereignisse werden um der Nachricht willen produziert („Spiel ohne Grenzen“ – ein harmloses Beispiel) und auf die Nachricht hin gestaltet (Eigenschaften von Politikern, die aus einer vermuteten ‚Telegenität‘ entstehen – z.B. der Usus, Reporter mit Namen anzureden).

Der Doppelcharakter jeder Nachricht (Abbild und Teil einer Realität zu sein) ist in Wortsendungen für den Rezipienten klar erkennbar: der Rundfunkbericht über einen Autounfall kann nicht mit dem tatsächlichen Autounfall verwechselt werden. Anders, sobald das Bild hinzukommt: Bilder können im Bewußtsein der meisten Rezipienten, oder zumindest in deren Unterbewußtsein, nicht lügen; man glaubt, seinen Augen trauen zu können. Da im Bild der Gegenstand selbst mitgeliefert wird, wird der Unterschied zwischen Erleben und Benachrichtigtwerden tendenziell ausgelöscht. Aussagen über Ereignisse werden selbst zu Ereignissen.

Zu einer derartig fatalen Verwischung von Abbild und Realität ist das Fernsehen aufgrund seines Nachrichtencharakters besonders prädestiniert, umso mehr, je mehr der Realitätscharakter der Ereignisse betont wird. Seine Scheinobjektivität, die Erfahrungen zu Zeichen verkürzt, hat sich fernsehsprachlich in den Stereotypen verfestigt (Interviews vor Bücherwänden, Reporter vorm Weißen Haus etc.) und beeinflußt sicherlich die Wahrnehmungs- und Erfahrungsfähigkeit der Rezipienten generell. Beizukommen wäre dieser Verkümmerung komplexer Erfahrung von Realität durch das Fernsehen nur durch ein zunehmendes Bewußtsein der Fernsehproduzenten selbst von den Eigengesetzlichkeiten des Mediums und seiner formalen Bedingungen: durch Durchschauen und Durchschaubarmachen der Produktionssphäre also – das Fernsehen nicht als Zauberkasten, sondern als Arbeitsstätte.

Von der Nachrichtenfunktion ausgehend, könnte man sagen, daß die Fernsehpraxis im ganzen dokumentarischer ist als die Filmpraxis, insofern, als sie weniger auf sich selbst, als auf Ereignisse außerhalb des Mediums verweist. Oder, anders ausgedrückt: das Fernsehen repräsentiert in erster Linie Geschehnisse, der Film präsentiert immer auch sich selbst – den Aufwand, die Tricks, die ganze gestalterische Arbeit. Das ist freilich kein absoluter Unterschied (es gibt ja z.B. Dokumentarfilme für die Leinwand, die unmittelbar auf Realität verweisen), eher ein Unterschied im Bewußtsein der Zuschauer. Dem entspricht auch die ursprüngliche Entwicklung der beiden Medien: die ersten Filme brauchten weder eine Handlung noch eine realistische Vorlage, man hatte vorerst an der Bewegung des neuen Mediums selbst genug (allerdings gefördert durch den Novitätscharakter bewegter Bilder). Eigene selbständige Genres, wie Slapstick und Western, entwickelten sich relativ früh. Die ersten Fernsehsendungen übertrugen Dinge, die ohnehin passierten: zuerst die Olympischen Spiele 1936, dann 1952, gleich am ersten Tag, ein Fußballspiel, Varietes, Theateraufführungen etc. Diese Unterschiede verschwammen zwar später, aber die Assoziationen haben sich beim Publikum erhalten: Kino als Traumfabrik, Fernsehen als Welt, ins Heim gebracht – zumindest tendenziell.

Wenn wir meinen, daß das Fernsehen eher ein Informationsmedium oder ‚repräsentational', der Film eher ein künstlerisches, gestalterisches Medium oder ‚präsentational' ist, dann heißt das nicht, daß nicht auch das Fernsehen seine präsentationale Seite hätte. Im Gegenteil: diese wird, wie im vorigen Abschnitt erläutert, gerade durch Pseudorealismus ständig verwischt; gerade der Widerspruch zwischen gestalterischer Arbeit und realer Vorlage wird eingeebnet; Künstliches scheint natürlich; die arrangierte stereotype Bücherwand im Studio wird als reale Umwelt des Interviewten wahrgenommen. Gerade weil Fernsehen eher Nachrichtencharakter hat, wäre es das richtige Verfahren, den Widerspruch zwischen Abbild und Abgebildetem nicht zu verwischen; „richtiges" Verfahren heißt hier ein Verfahren, das nicht die Wahrnehmung benebelt, sondern den Kopf frei macht.

Unser Bestehen auf den formalen Bedingungen des Mediums soll auch nicht heißen, daß man sich den Gesetzen des Fernsehens nun sklavisch unterwerfen soll. Der Stuttgarter Dokumentarfilmer Heinz Huber, der viele Fernsehfilme gemacht hat, schreibt mit Recht:

Der Bereich des Optischen, des durch Abbild Erfaßbaren ist enger, als man auf den ersten Blick glauben sollte. Man kann . . . so weit gehen, zu sagen, daß gerade das Wesentliche optisch nicht faßbar sei. Der Fernsehberichterstatter merkt früher oder später, daß das Sichtbare nur ein Teil der Wirklichkeit ist, und nicht einmal der wichtigste. Wollte er sich nur auf das Sichtbare, das optisch Zeigbare beschränken, so berichtete er nur über eine sehr verkürzte Wirklichkeit . . . Fast alles, was den Menschen selber und sein Verhalten betrifft, das Gesellschaftliche, aber auch das Wirtschaftliche, das Politische und etliches andere blieben ihm verschlossen. Da aber gerade auf diesen Gebieten die wichtigsten und interessantesten Themen liegen, kann sich der Fernsehberichterstatter nicht mit der Feststellung zufrieden geben, dieser oder jener Tatbestand sei eben ‚nicht optisch', also nicht darstellbar."

Nicht zu formaler Askese also soll die Reflexion medienspezifischer Eigengesetzlichkeiten führen, sondern zu einer souveräneren Verfügung über das Material für den Produzenten; zu einer befreiteren, bewußteren, im Wortsinn ‚kritischeren' Sehweise für den Rezipienten (denn das altgriechische Wort ‚kritein' bedeutet ‚unterscheiden').

3.9. Harun Farocki: Über die Arbeit mit Bildern im Fernsehen

Worte / Schnitte / Bilder: Das sind die drei wichtigsten Artikulationsmittel in der Fernsehsprache. Es könnte noch die Töne geben, die nicht Sprache sind. Aber sie treten als Artikulationsmittel kaum auf. Es gibt Archive mit Geräuschen, wo man eine Schleife bekommen kann. Wenn es Bilder mit Schiffen gibt, hört man Meeresrauschen, Tuten etc. Wenn es in einem Film heißt, hier sei es sehr laut, wird der Regler der Geräuschspur vorher hochgezogen, zum Beweis. Es wird viel Originalton mitgeschnitten, aber immer mehr mit Richtmikros, die aus den Bildern nur einen kleinen Ausschnitt herauspicken. Der Ton wird verwendet gemäß einer Regel über Filmmusik: Sie soll dann am besten sein, wenn man sie nicht bemerkt.

Die Worte sind das Wichtigste. Manchmal aus dem Mund von einem, der im Bild zu sehen ist, meistens als Kommentar aus dem Off. Aufgenommen in einem Studio, so daß sie ganz sauber aus einem leeren Raum kommen, aus einem Nichts.

Warum kommentierende Worte?

Erzählungen werden durch die Form der Erzählung zusammengehalten, nach Regeln, die aus einer langen kulturellen Erfahrung kommen. Sie haben Kontinuität in den Protagonisten, in der Einheit des Sujets, in ihrer Beziehung auf andere Erzählungen.

Aufsätze verbinden unter einem oder unter mehreren Gesichtspunkten Einzelheiten. Es muß etwas geben, was die Einzelheiten zusammenhält.

Bilder sind Konkretionen. Das was gezeigt wird, muß in eine Relation zu dem Abwesenden gebracht werden. Es bietet sich an, dem Kommentar die Funktion der Verallgemeinerung zuzuweisen. Und es gibt Sujets, von denen die Bilder erst zu sprechen beginnen, wenn man mit Worten einen Vorgang des Verstehens in Gang gesetzt hat.

Ich führe das listenmäßig auf, weil ich das Mißverständnis vermeiden will, ich hätte etwas gegen viele Worte in Filmen oder Filme begleitend. Es geht um die qualitative Anwendung der Worte, um Worte, die gemacht werden, um zu vertuschen.

Gleich nachdem sich der Autor von der Logik des Genres hat begründen lassen, warum es einen Kommentar geben kann, entdeckt er dessen arbeitssparende Vorzüge.

Nachdem er einmal die Möglichkeit hat, etwas entweder zu sagen oder zu zeigen, untersucht er gar nicht mehr lange, was sich besser sagen läßt und was sich besser zeigen läßt. Wenn er etwas aufgenommen hat, was nichts zeigt, dann werden die Worte das ausbügeln.

Wenn er etwas aufgenommen hat, was etwas zeigt, dann wird er dennoch nicht davon lassen, die Bilder mit Worten zu verdoppeln. In den meisten Fällen hat er etwas aufgenommen, was ein bißchen etwas zeigt und das wird er mit Worten so zielsicher aufnehmen, daß das bißchen, das nicht etwas zeigt, gar nicht mehr auffällt.

Aus irgend einem Film: in einem Kaufhaus. Im Ton ein Kaufhausdetektiv, der in einer Sprache wie in einem Jahresbericht über das Kaufhausklauen spricht. Im Bild dazu lauter Einzelaufnahmen von Kunden. Unser Film heißt *Gangster von morgen?*, darum werden in der Hauptsache Jugendliche gefilmt. Leider klaut kein Einziger. Einmal kommt der Detektiv auf die Schallplatten, die die Jugendlichen klauen, da sieht man einen bei den Schallplatten, wenn auch nicht klauen. Der Gleiche hat auch einmal eine Pistole des Fabrikats James Bond in die Hand genommen – die Beziehung Spielzeug-Aggressionen-Verführung-Blablabla. Auf den meisten Bildern aber sieht man Leute einfach im Kaufhaus. Warum ist der Autor und vielleicht noch ein Realisator mit einem Team ins Kaufhaus gegangen: er wußte, egal was ich aufnehme, es wird sich schon verarbeiten lassen. Bei dieser Arbeitsweise ist kein Weg umsonst.

Daß der Film ein Fragezeichen im Titel hat: die Kommentare sind voller Fragen. „Aber sind das Symptome einer Jugendkriminalität, wie es uns eine verantwortungslose Massenpresse weismachen will"? heißt es an einer Stelle, als im Bild ein paar Mopeds fahren. Der Autor will die Mopedleute eigentlich als Hell-Angels ausgeben, weil er sieht, daß das nicht funktioniert, macht er ein Problem daraus.

Als in einem Lokal junge Leute (wahrscheinlich vom Fernsehen bezahlt) Bier und Schnaps trinken, fragt der Kommentar, warum soviele Jugendliche Alkoholiker sind. (Folgt Statistik) Einsam? oder Mitläuferei? Durst?

Fast alle klugen Probleme kommen auf die Welt, weil die Autoren keine wirkliche Untersuchungsarbeit leisten, was den Gegenstand angeht und die Arbeitsmittel.

Weil es immer die Möglichkeit gibt, sich auf die leichtbeweglichen Worte zurückzuziehen, müssen sich die Autoren nie einer wirklichen Anstrengung unterwerfen. Als Zuschauender bekommt man nie die Möglichkeit zu prüfen, ob das Material wenigstens der Darstellungsabsicht entspricht. Schon die Absichten bleiben im Dunklen und bleiben ihren Besitzern selbst unbekannt. In Filmen, die mit Schulen zu tun haben, wird es selten ein Stück Unterricht so zu sehen geben, an dem man nun untersuchen kann, ob er gut ist oder schlecht.

Das gleiche Kompensieren von Sachen, die man gar nicht erst gewagt hat, oder die natürlich wieder nicht geklappt haben, gibt es auch in der Struktur des ganzen Films. Die Darstellungsmittel werden immer so gewechselt, wie es am Besten paßt. Interviews, Signalbilder mit zusammenfassendem Text, deskriptive Sequenzen mit Musik, Mikro-Narrationen, eine halbe-Ideen-Montage (Arm Reich Groß Klein Alt Neu). [. . .]

Weil der Autor die Sprache in einer Weise verwendet, daß er sich immer herausreden kann, werden auch die Bilder mit keiner bestimmten Aussageabsicht hergestellt. Nicht mit einer bei der Voruntersuchung gefaßten, nicht mit einer beim Drehen entschiedenen. Kinder, die in einem Schulzimmer sitzen, werden vielleicht ein Hintergrundbild abgeben für eine Information über Schulen heute. Vielleicht wird ein Kind den Kopf auf dem Tisch liegen haben, dann kann man das Bild einem Statement unterschneiden, in dem ein Lehrer von der Müdigkeit, Anspannung o. ä. direkt oder in metaphorischer Beziehung spricht. Der Kameramann weiß nicht nur nicht, wohin die Bilder kommen im Zusammenhang des Films, er weiß nicht, was sie ausdrücken sollen, was das, was er vor sich hat, ausdrückt, weiß er schon lange nicht mehr.

Weil er das, was er filmt, gar nicht besonders bemerkenswert finden kann, stürzt er sich auf alles, was irgendwie als bemerkenswert gelten kann.

In alten Stadtvierteln:	Kinder in der Gosse	gefährdete Jugend
In Versammlungen:	der mit dem Bart	?
	eine Frau, die raucht	!
Im Nachtlokal:	die Zigarette, die verglimmt	

Die Ruinen werden gegen den Himmel stehen
Das Bankgebäude wird sich in einer Pfütze spiegeln
Im Hafen wird die Möwe auffliegen
Auf dem Kohlenplatz wird der Hund gegen den Zaun springen
Im Café werden die älteren Frauen Kuchen essen.

Als Fotos liegen solche Bilder in den Zeitungsredaktionen, verwendbar, wenn noch Platz ist, Aussagen zum universellen Gebrauch. Im Nonfiction-Film deklassieren diese Bild-Ideen alles Material dazwischen zu einer Motivsuche nach solchen Ideen.

Man kann Einzelanalysen machen und die Besessenheiten, Abneigungen einzelner Bildermacher studieren. Die Phraseologie ist planlos (*B. Z.* vom 27. 5. 74: Obwohl es kalt ist, füllt sich der Strand schon am Mittag mit Urlaubern). Ihre Funktion ist es, dem Sprachkörper, auch auf der Ebene der Bilder, eine Spannung zu geben, die keine Grundlagen hat in ihrem Material. Die Phrasen machen sich auch gegenseitig kaputt.

Wenn man ohne Ton einzelne Einstellungen wieder und wieder ansieht, erkennt man die Unstrukturiertheit aller bildlichen Zeichen und zeichenbildenden Operationen. Die Bilder sind polyvalent und man kann sich in ihnen liegende Bedeutungen fortgeführt vorstellen; diese Vorstellung wird an der nächsten Schnittstelle immer zerschlagen. [. . .]

Die Montage organisiert die autonomen und ostentativen Kamerabewegungen. Gleiche, ähnliche und allmählich Tempo und Richtung ändernde Schwenks werden hintereinander gehängt. Ein Haufen motorisch hergestellter Schwenks wird zu einer halbwegs kontinuierlichen Bewegung zusammengeschnitten. Beim inszenierten Film werden Aufnahmen eines Ablaufs häufig von mehreren Standpunkten aus gemacht. Der Schnitt ist am unmerklichsten, heißt es, wenn man ihn in dem Augenblick einer Bewegung macht, wenn einer den Kopf wendet, aufsteht, oder zur Tür geht. Im inszenierten Film macht der Bewegungsschnitt den Ablauf glatter und schneller, im Non-Fiction bringt er etwa die Häuser zum Tanzen. Besonders Gebäude, die ja von außen so wenig über das sagen, was in ihnen passiert, werden mit Kamerabewegung und Montagebewegung förmlich beschworen, etwas auszudrücken.

Der Schnitt nimmt entweder einen der in einer Einstellung möglichen formalen Anschlüsse auf, oder er rhythmisiert einfach den dazu gesprochenen Kommentar. Das macht man gern mit Bildern ohne Zeitpriorität, sie werden so geschnitten, daß die Schnittstellen auf den Satzzeichen liegen. Das ist dann auch gleich eine Verwertungsstelle für die vielen variierenden Aufnahmen, die von jedem Gegenstand gemacht worden sind.

Die Arbeit am Schneidetisch ist eine des Vertuschens, des Ausbügelns und des Rettens. Indem sie so keine der Artikulation ist, reduziert sie die Cutterinnen zu technischen Hilfskräften, die das Material ordnen und beschriften. Die Gegenwehr besteht wieder aus einem Haufen Manierismen.

Interviews werden mit wechselnden Blickrichtungen montiert, nach dem Schuß-Gegenschuß-Prinzip. Das soll nicht bedeuten, daß die Interviewten sich ansehen, es soll nur besagen, daß hier Ordnung waltet.

Der Selbstbehauptungsversuch des Handwerks wird gleich wieder umgemünzt in eine Behauptung des Arbeitssystems: der fertige Film kann jetzt aufwarten mit Text-„Einfällen“, Kamera-„Einfällen“ und Schnitt-„Einfällen“.

Worte/Schnitte/Bilder

Ein Sprachkörper mit ständig wechselnder Dominanz, auf jeder Ebene den Sprachcharakter und das Sprachniveau wechselnd; und wechselnd das Bezugsniveau der Ebenen untereinander.

Arbeitskämpfe gehen meistens um bessere Entlohnung und bessere Arbeitsbedingungen. Sie können auch um bessere Arbeit gehen.

3.10. Harun Farocki: Das Fernsehfeature. Der Ärger mit den Bildern

Im WDR 3 gibt es eine Redaktion mit Namen Telekritik, man kann dort im Fernsehen über das Fernsehen sprechen. Im März habe ich dort eine Sendung über eine Gattung von Fernsehsendungen gemacht (Der Ärger mit den Bildern. Sendetermin 16. Mai 1973): „Eine Kritik an der Gattung Feature.“ Wenn man im Fernsehen eine Kritik macht, hat man Archiv und Schneidetisch zur Verfügung, die dem schreibenden Kritiker meistens fehlen. Man kann Material wieder und wieder sehen, und man kann damit die Geschichte der Bilder ans Licht holen. Das ist besonders wichtig bei der Gattung des „Features“, denn die meisten Features sind so gemacht, daß man sie sich nicht merken kann. Ihre Oberfläche stößt jedes Eindringen ab. Auch wenn man eines gerade gesehen hat, wird man kaum sagen können, aus welchen Einzelheiten es bestand.

„Feature“ ist die mittlere und große Form des TV-Journalismus, dem Aufsatz, Essay oder der Reportage im Wortjournalismus zu vergleichen. Wichtig, daß Features in Bild und Ton artikulierte Mitteilungen sind, also keine Übertragung stattfindender Ereignisse. Und sie sind selbständige Ausdrücke, also nicht auf Kontextuierung angewiesen, wie es kurze Filmbeiträge in Magazinen manchmal sind.

Und die qualitative Definition: Feature bezeichnet eine bestimmte Art, Bild- und Ton-Informationen zu verwursten; mit einem Minimum an Informationstiefe ein Sujet zu vermarkten; mit einem Schwall von Halbheiten lieblos aufgenommene Bilder zuzudecken. Feature ist Bezeichnung geworden für das Verfahren, Dokumenten den Sinn abzupressen, den man am bequemsten brauchen kann; für das Verfahren, Bild- und Tonmaterial entweder so aufzunehmen oder so zu organisieren, daß man nur erfahren kann, was man schon wußte.

Wenn man Features im laufenden Programm sieht, kann man das alles feststellen, und schreibende Kritiker haben das alles schon festgestellt.

Aber Archiv und Schneidetisch sind im Falle des Features ein besonders scharfes Instrument gegen die rhetorische Hülle. Denn bei diesem traurigen Genre Feature sind beinahe alle Mittel der Darstellung Mittel der Vertuschung. Wie geschnitten wird, wie die Informationen aufeinanderfolgen, wie sich die Bilder auf die Töne beziehen: all das ist zum Vertuschen da. So wie die Rede von einem, der nichts zu sagen hat und das Nichts in vollständige Sätze kleidet.

Ich habe Features über Stadtplanung, Sanierung, Lehrlingsausbildung, Scheidungsreform, Vorschulerziehung, Schulpsychologie untersucht.

Unkonkretheit

In dem Feature über Stadtplanung kommt nicht eine einzige Sequenz vor, in der die Kamera ein konkretes Geschehen beschreibt. Weder sieht man, wie geplant wird, noch sieht man Leute bei dem, wo die Folgen der Planung oder Nichtplanung sind, beim Leben. Es gibt keine Beschreibung des Lebens in einer schlechten Wohnung, keine Beschreibung des Lebens bei schlechter Verkehrslage und keine Beschreibung des Lebens bei schlechten Erholungsmöglichkeiten. Genauso ist das in dem Feature über Sanierung. In dem über Lehrlingsausbildung gibt es keine Beschreibung eines Arbeitsplatzes oder auch nur einer handwerklichen oder industriellen Tätigkeit. In der Sendung über die Scheidungsreform keine Beschreibung von Menschen, die sich scheiden lassen wollen und es nicht können oder unter einer vollzogenen Scheidung leiden. Im Falle der Sendung über Schulpsychologie gibt es eine Beschreibung von der Behandlung eines sprachgestörten Kindes. Weil der Vorgang der Behandlung sehr lange dauert, haben die Autoren sich in den Behandlungsraum mit der Kamera gestellt, und das Kind ist vor Schreck über das Team wieder stumm geworden. Es hat sich dann durch Einwirkung der Therapeutin erholt, und so können wir uns etwas von dem Vorgang des Sprechenlernens vorstellen. Das ist die einzige Sequenz von vielen Hunderten aus den 45-Minuten-Filmen, die ich mir angesehen habe, in der etwas nicht nur verstummt, sondern auch wieder zu sprechen anfängt.

Es kostet viel Geduld, Einfühlung und Intelligenz, etwas zu beobachten und zu beschreiben, und diese Arbeitskraft bringen die Autoren und Realisatoren nur in diesem einen Falle auf. Man kennt das vom geschriebenen Journalismus: Der Nahost-Korrespondent gibt einen Bericht von einem Land, das er nie betreten hat, und der Volontär beschreibt eine Stadtrandsiedlung, wie er sie sich vorstellt. Bei gefilmtem Journalismus wird der Ort der Erörterung zwar betreten, denn Bilder kann man nur von den Dingen machen, in deren Reichweite man ist. Die Bilder sind dann so, daß man auch zu Hause hätte bleiben können.

Stellvertretungsbilder

In dem Vorschulfeature ist die Rede davon, daß viele Kinder im Vorschulalter nicht genügend sprachliche Erziehung bekommen, um in der Schule mitzuhalten. Da sieht man dann Kinder in einer Wohnung herumtoben, und man hört die Mutter von einem Kind berichten, das in der Schule nicht mitkam und von einem anderen erfolgreich gefördert wurde. Der Kommentar verallgemeinert dann: „Vielen Kindern fehlen Frage-und-Antwort-Spiele“, jedoch auf den Bildern kann man nicht sehen, welches Kind die Schwierigkeiten hat und welches keine mehr hat. Und wenn man es könnte, was könnte man dann erfassen? Das Team ist einfach in eine Wohnung gegangen, hat sich mit der Frau über die Kinder unterhalten. Dann hat der Kameramann Bilder von den herumtollenden Kindern geschossen. Seit die Publizistik mit dem Vorschulrummel begann, hat es viele Auseinandersetzungen über die „Bildungsschranken“ gegeben. Es ist die Frage, ob das bißchen, daß man sich jetzt um die „Unterprivilegierten“ mehr kümmert oder zu kümmern vorgibt, objektiv wie subjektiv aus guten Gründen geschieht.

Aber nichts von dieser Problematisierung in der beschriebenen Szene: Es ist von Kindern die Rede, also filmen wir Kinder, egal, wie es ihnen geht und wofür ihr augenblickliches Tun steht. Statt einer Beschreibung des Lebens eines oder mehrerer Kinder ein paar Momentaufnahmen von Kindern. Und noch ein paar Code-Bilder zum Begriff „Unterprivilegierung“ dazu, ein Hinterhof, wenige und schlechte Möbel in dem Zimmer. Der Begriff der Unterprivilegierung bleibt so unbefragt von der Wirklichkeit, als hätte er nie den Schreibtisch verlassen.

Schlagbilder

Von Lehrlingen bei Krupp ist die Rede. Man sieht sie an Maschinen arbeiten. Aber was für Maschinen das sind, kann man nicht sehen; ausgedrückt ist nur der Begriff „arbeiten“.

Von den gewachsenen Bindungen in den Altbauwohnungen ist die Rede, man sieht Schwenks über ein paar Häuser und eine Frau aus dem Fenster sehen, für einen kurzen Moment. Ausgedrückt ist nur der Begriff „alte Häuser“.

Vor zehn Jahren wollte einer vermitteln, daß die Lage der Frau heute anders ist als früher und daß sie im Leben steht. Er stellte sich auf die Straße und filmte ein paar Frauen beim Vorbeigehen (Bild 1).

Und nach zehn Jahren hatte wieder jemand mitzuteilen, die Stellung der Frau in der Gesellschaft sei verändert. Er filmte wieder Frauen beim Gehen, nur gehen sie diesmal in die andere Richtung (Bild 2).

①

②

Bild 1: „Der Steckbrief der modernen Frau lautet genau umgekehrt. Sie trägt kurze Haare und kurze Kleider. Nicht, weil das die Mode will, sondern weil das praktisch ist und ihr Zeit und Bewegungsfreiheit für ihre vielfältigen Aufgaben läßt." (Text zu diesem Bild im Film)

Bild 2: „Ehe heute ist weitgehend von partnerschaftlichen Erwartungen bestimmt. Auch wenn die Gesetzgebung und die sozialpolitische Wirklichkeit noch immer hinterherhinken. Frauen ringen um Gleichberechtigung in Beruf, in Politik, im Bett, das Grundgesetz verbürgt ihnen die gleichen Rechte wie dem Mann, doch immer noch klafft eine Lücke zwischen Anspruch und Wirklichkeit." (Text zum Bild im Feature) Kann es sein, daß einer, der für seine Begriffe keine Bilder findet, einfach die Entsprechung der Begriffe in der Wirklichkeit nicht kennt? Also von etwas redet, wovon er in Wirklichkeit keinen Begriff hat und der deshalb soviele Worte macht?

Für so unsinnige Sätze ist es natürlich schwer, Bilder zu finden. Es soll dem Feature nicht abverlangt werden, nur mit konkreten Ausdrücken umzugehen, aber man kann ihm ansehen, daß die meisten Abstraktionen nur Drückebergerei von einer Untersuchung der Wirklichkeit sind.

Füllbilder

Im Feature über Lehrlingsausbildung geht es am Ende einem Resümee zu. Die Autoren haben in Hamburg Bilder vom Hafen geschossen, von Kränen, Schuten und einen Mann, der jungen Leuten den Hafen erklärt. Diese Bilder haben nicht viel mit der Lehrlingsausbildung zu tun und darum biegt der Kommentar sie gerade: „Ausbildung sollte, um im Bild zu bleiben, das Tor zur Welt öffnen" (Bild 3).

In dem Feature über die Scheidungsreform: In einem Kongreßsaal sieht man Experten über die Scheidungsreform debattieren. Dann die Straße davor (Bild 4) und der Kommentar spricht von der Scheidungsreform. Dann irgendwelche Straßen, und dann Straßen mit Kirchen, und dann spricht der Kommentar von der Haltung der Kirche zur Scheidungsreform. Schließlich eine Ampel, die vor einem Kirchturm auf Rot geht (und damit die Haltung der Kirche zur Scheidung ausdrücken soll). Bevor es zu diesem Bildwitz kommt (Bild 5), gibt es Bilder, die nur dazu da sind, die Zeit totzuschlagen, die der Kommentar für seine Erklärungen braucht.

③

④

Bild 3: „Berufliche Ausbildung sollte, um im Bild zu bleiben, das Tor zur Welt öffnen, sollte eine Grundinvestition fürs Leben sein, sollte in einem demokratischen Staat nicht einseitig betrieben werden, sollte zeitgerecht und modern sein. Sollte in einer Zeit schneller Wandlungen und Veränderungen unseres Arbeitslebens möglichst breit und gründlich aufgebaut sein, sollte in jedem Fall objektiviert und vereinheitlicht werden." (Text, dem Bild unterlegt.)

Bild 4: Ein Füllbild zu Worten über die Scheidungsreform.

Es ist nicht so schlimm, daß die Bilder nur zur Überleitung da sind, schlimmer, daß diese ihre dramaturgische Funktion nicht zugegeben wird. Die Füllbilder kommen einher wie die Bilder, die vorgeblich das Material der Untersuchungen sind. Alle aufgenommen im gleichen fotografischen Duktus, lauter durch Schwenk, Zoom und kurzen Schnitt fixgemachte Momentaufnahmen.

⑤

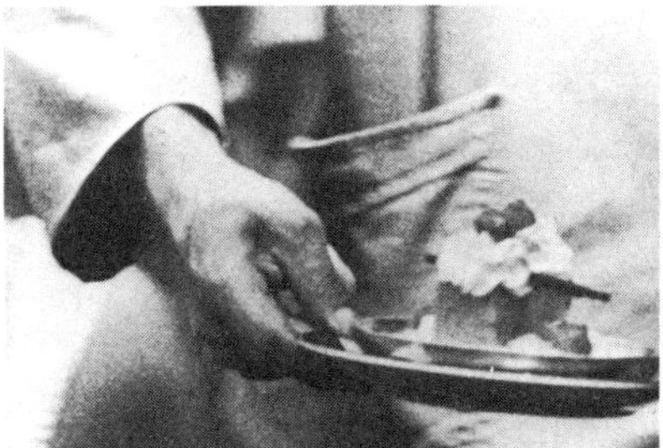

⑥

Bild 5: Ein Bildwitz. Hier soll die Haltung der Kirche zur Möglichkeit der Auflösung der Ehe ausgedrückt sein.

Bild 6: Aus dem Feature über Stadtplanung: „Sicher wächst die Weltbevölkerung in der Bundesrepublik wahrscheinlich in den nächsten 30 Jahren um 10 Millionen. Sicher wird die Konzentration in Verdichtungsräumen zunehmen. Sicher verändern sich unsere Lebenserwartungen, unsere Ansprüche an Wohnen, Arbeitsplatz, Freizeit, an Dienstleistungen aller Art." Zu jedem der Begriffe gibt es ein Schlagbild. Dieses Bild soll den Begriff „Dienstleistungen" visualisieren.

Das Illustrationsprinzip

In Features werden die Bilder kaum anders benutzt als im Wortjournalismus: Zur Illustration, nicht als eigenständiges oder kombiniertes Medium der Aussage oder Untersuchung. Deshalb sind die meisten Bilder im Feature auch nur Ansichten der behandelten Dinge, mit bewegten Bildern hergestellte Momentaufnahmen. In der Folge gilt es auch nur, irgendeinen Text zu illustrieren. Entweder man knallt Erörterungen auf eine Bildpassage, die in irgendeiner Beziehung zum Gesagten steht, oder man bebildert Wort für Wort das Gesagte (Bild 6). Die Abbildung des Schauplatzes: Bei Morden hat man es oft, daß neben dem Bericht ein Bild von dem Haus, in dem der Mörder oder der Ermordete wohnte, zu sehen ist. Die Bilder sind weder Aufschluß über Motiv noch über den Hergang der Tat. Der Redakteur hat sie nur ausgesucht, weil er kein Bild von der Tat hatte. Der Feature-Macher, hat er sich erst auf das Illustrationsprinzip eingelassen, ist noch schlechter dran als der Bildredakteur. Er muß nämlich nicht pro Seite soundsoviel Bilder herholen, er muß jeden Augenblick Bilder zeigen. So sind die Bilder im Feature entweder schlechte Entsprechung zum Text oder bildwörtliche Analogie: Entweder sie sind undeutlich oder sie haben kein Geheimnis.

Redensarten

Weil die Bilder nur zur Bebilderung von Gedanken, meistens halben Gedanken, da sind, müssen sie auch ständig erklärt und in den Zusammenhang mit Worten eingepaßt werden. Fast alle Features kann man auch verstehen, wenn man die Bilder nicht sieht (ähnlich den Fernsehspielen). Aber nicht nur der Kommentar spricht über die Dinge, die nie vorkommen. Auch Experten melden sich zu jeder Sache zu Wort. Der Pfarrer, der Gewerkschafter, der Professor, der Vorsitzende des Verbandes der Soundso, alle mit Titelangaben. Meistens halten die Feature-Macher sprechende Menschen dann wieder für langweilig und zeigen nur eine Weile deren Interessenvertretermimik, unterschneiden dann die Bilder mit weiteren Momentaufnahmen, die wieder illustrativ zum Gesagten passen sollen.

Von Leuten, die nicht professionelle Sprecher sind, nimmt das Feature an, daß man sie nicht verstehen kann. Ihr Text wird dauernd gekürzt, und damit man die Kürzung nicht merkt, gibt es in allen Features viele Hände mit oder ohne Zigarette zu sehen, die den Tonschnitt verdecken sollen. Und die Leute werden kleingeschnitten, in der Fachsprache kurzgeschnitten, ihre Äußerungen werden Wortfetzen. Oder man läßt sie reden, und der Kommentar dreht ihnen den Ton 'runter und meldet sich darüber selbst zu Wort. Als ob es keine Attraktion wäre, einen Menschen beim Sprechen zu zeigen. Aber die Feature-Macher haben da ein schlechtes Gewissen. Sie filmen sprechende Menschen, um sich die Arbeit der Auseinandersetzung mit den Dingen, von denen gesprochen wird, zu ersparen. Sie wollen dann die Einsparung vertuschen; deshalb unterlegen sie das Gesprochene mit Bildersalat.

Dynamik

Features sind große Verwertungsmaschinen. Sie hacken die Sachen, die uns nicht sonderlich interessieren können, klein, und auch die Sachen, die uns interessieren könnten. Sie hetzen von Einzelheit zu Einzelheit, um die Bedeutungslosigkeit jeder Einzelheit zu vertuschen. Dabei zerstören sie auch die Informationswerte, die auch das lieblos aufgenommene Bild noch hat. (Als ich im WDR die Kritik über Features machte, zitierte ich manche Ausschnitte mehrfach. Es zeigte sich, daß sie auf einmal nicht mehr so häßlich waren, weil sie jetzt aus dem schlechten Vertuschungszusammenhang befreit, der Wahrnehmung in Gefühl und Gedanken zugänglich wurden.)

Bei den Wörtern das gleiche Verwerten: Entweder ein Interessensvertreter kann verwaltungsmäßig sprechen, mit Ausdrücken wie „etwaig", „tätig werden" und „dahingehend" oder das Feature verwaltet das Sprechen. Und es kommt zu dem für das Fernsehen typische Sprechen, zum Tonfall der „Ausgewogenheit", der jedem Denken die Schärfe nimmt und jeder Empfindung die Intensität. Und dieser Tonfall illustriert dann mit feingehackten Momentaufnahmen, die angeblich das Ganze beleben, interessant machen, oder dynamisch.

Schlußfolgerungen

Das Kino konnte an Publizistik nicht genug verdienen und hat sie darum vernachlässigt. Das Fernsehen als öffentlich-rechtliches Unternehmen vernachlässigt sie noch heute. Noch immer gibt es für Fiktion viel mehr Produktionsmittel als für Publizistik, und so ist auch das Ausdruckspotential der Nonfiction noch sehr schwach, wenn auch die Filmgeschichte ein paar Formen mehr entwickelt hat, als sie den Fernseh-Publizisten geläufig sind, die sich natürlich auf die Filmgeschichte so wenig einlassen wie auf die Geschichte der Dinge, die sie erzählen. Ich will meinen Kritikfilm den Leuten, die im Fernsehen arbeiten, vorführen. Es hat sich bei ersten Versuchen gezeigt, daß Cutterinnen und Kameraleute unter der Schlamperei mehr leiden als die Realisatoren. Ich habe nur Filmbeispiele ausgewählt mit einer „progressiven" Botschaft. Es muß sich zeigen, bei wem die Fortschrittlichkeit so weit geht, daß er für bessere Informationsarbeit im Fernsehen eintritt.

3.11. Götz Dahlmüller, Wulf D. Hund, Helmut Kommer: Gesellschaftlicher Gehalt (Unterhaltungsgenres)

Zum überwiegenden Teil bestehen die Fernsehprogramme aus standardisierten Unterhaltungsgenres: Show, Quiz, Schlagerparade, Sportschau, Krimi, Western, Abenteuerfilm, Agentenfilm, Science-fiction, Familienserie, Fernsehspiel. Hinzu gesellen sich Informationsgenres wie Report, Dokumentation, Nachrichten, Magazin. Entgegen den Beteuerungen der Unterhaltungsbranche, ihre Genres böten lediglich die von den Zuschauern gewünschte problemlose Entspannung nach einem harten Arbeitstag, sind alle Genres Teil des Klassenkampfes von oben. Im wesentlichen kulminieren ihre gesellschaftlichen Funktionen in folgenden Mechanismen: 1. Gesellschaftliche Spannungen und Konflikte werden kompensatorisch ausgetragen und gelöst. 2. Immanent unüberwindbare Schranken des gesellschaftlichen Systems werden fiktiv überwunden. 3. Die Inhumanität des gesellschaftlichen Systems wird im schönen Schein „ewigmenschlicher“ Standardfragen verklärt.

Quiz

In Slogans wie „Chancengleichheit“ oder „soziale Mobilität“ artikuliert sich eine der zentralen Ideologien des heutigen Kapitalismus, nämlich die von der (klassenlosen) nivellierten Mittelstandsgesellschaft. Für viele, auch für bestimmte Teile der Arbeiterklasse, gewinnt diese Ideologie eine gewisse Plausibilität auf Grund des Nachkriegsbooms und eines damit verbundenen Anwachsens des allgemeinen Konsumniveaus. Daß indessen dieser Konsum nur möglich war durch eine immer intensivere Ausbeutung der Arbeitskraft und daß in Wirklichkeit die Kluft zwischen Lohnabhängigen und Eigentümern von Produktionsmitteln sich vertieft hat, das heißt daß der Zunahme gesellschaftlichen Reichtums in den Händen immer weniger Kapitalisten eine Abnahme des Anteils der lohnabhängigen Bevölkerung an diesem Reichtum entspricht, wird durch diese Ideologie diskret übergangen. Den Lohnabhängigen wird sogar eingeredet, bei entsprechender Leistung sei ihnen tendenziell sozialer Aufstieg möglich. Von dem engen systembedingten Rahmen solcher „Mobilität“ ist indessen nicht die Rede. Einzig zur Steigerung der Leistungsmotivation und Arbeitsproduktivität der Lohnabhängigen ist diese Aufstiegsideologie fürs Kapital notwendig, weshalb sie durch verschiedene Strategien gehegt und gepflegt wird: schichtmäßige Diversifikation der Arbeiterklasse, Gratifikations- und Prämiensysteme, sogenannte Vermögensbildung, usw.

Bewußtseinsmäßig unterstützt wird diese Aufstiegsideologie unter anderem durch das Quiz. Hier wird der soziale Aufstieg aus der Produktionssphäre abgezogen und ins Reich des Ideellen verlagert, getreu der Devise, mit der das Bildungsbürgertum seine materielle Basis seit eh und je kaschierte: Wissen ist Macht. Dabei darf es sich selbstredend nicht um ein Wissen handeln, das den Lohnabhängigen qualifiziert, seine reale Lage zu erkennen, sondern diesem Wissen müssen von vornherein alle potentiell emanzipatorischen bzw. gesellschaftliche Zusammenhänge erkennbar machenden Momente amputiert werden. Es erscheint deshalb im Quiz vornehmlich als Hobbywissen, Spezialistentum oder Kreuzworträtsel-Beschlagenheit. Der Zuschauer soll im Quizkandidaten, der vorher ausgiebig auf eine fachidiotische Faktenhuberei vorgetestet und getrimmt wurde, stellvertretend den sozialen „Aufstieg“ nachvollziehen. Wenn der Kandidat versagt, trägt er selber die Schuld daran, daß er den Aufstieg nicht geschafft hat – er wußte eben zu wenig. Übertragen auf den lohnabhängigen Zuschauer und dessen Aufstiegsintentionen heißt das: Er hat zu wenig geleistet.[1]

[1] Daß selbst die vermeintliche original „live“-Spannung des Quiz manipuliert werden kann, ist aus der Geschichte des amerikanischen Quiz hinlänglich bekannt. Vgl. *G. Eckert:* Knaurs Fernsehbuch. München und Zürich 1961, S. 193: „Die Neigung der amerikanischen

Science-fiction

Die bürokratischen Apparate, mit deren Hilfe Staat und Gemeinden sozialstaatliche Ausgleichsmaßnahmen für die gröbsten Auswüchse des kapitalistischen Wirtschaftssystems organisieren bzw. die gesellschaftlichen Normabweichungen und Regelverletzungen kontrollieren, werden vom einzelnen entweder als undurchschaubare Institutionen (Finanzämter, Wohnungsämter, Arbeitsämter, Versicherungsanstalten) oder als offen repressiv (Polizei, Justiz, Fürsorge) empfunden. Um der Bürokratie den Ruf des Undurchschaubaren oder Gewalttätigen zu nehmen, gibt es mehrere Möglichkeiten. Man kann, wie es etwa Arbeitsamt und Versicherungsanstalten in letzter Zeit tun, sein Image durch Werbung aufzupolieren versuchen, und man kann, wie es vor allem für die Bereiche der Polizei, der Justiz und der sogenannten Staatssicherheit Genres wie Krimi, Agentenfilm und Science-fiction besorgen, die Arbeit der Bürokratie ideologisch legitimieren.

Zentrale Legitimationsbasis der repressiven bürokratischen Apparate ist in der Science-fiction die totale Außenprojektion gesellschaftlicher Konflikte. Diese entstehen durch die Invasion bzw. subversive Tätigkeit feindlicher Wesen aus dem Weltraum, und zu ihrer Bekämpfung ist jedes Mittel recht. Da Konflikte nur dadurch entstehen, daß sie von außen in die ansonsten heile Welt der Terraner hereingetragen werden, kann die Science-fiction alle innergesellschaftlichen Spannungen darauf zurückführen und für die Erde wegen der permanenten Bedrohung den permanenten Notstand propagieren. Dem Zuschauer soll plausibel gemacht werden, daß angesichts der ständigen und totalen Bedrohung von außen weder sein Eigenwille noch seine innergesellschaftlichen Probleme zählen, sondern daß er mit allen anderen zusammen sich ohne Muckser voll in den Dienst der gemeinsamen Abwehr der Feinde zu stellen hat. Dabei hat er sich kritiklos den Weisungen der bürokratischen Apparate zu fügen, weil sie allein über das Wissen und die technischen Mittel verfügen, die notwendig sind zur Bezwingung der Feinde.

Die Außenprojektion gesellschaftlicher Konflikte hat Ähnlichkeiten mit dem Feindbild-Mechanismus des Faschismus. Ebenso ist die durchgängige Atmosphäre der Denunziationen und Verdächtigungen (der Feind könnte sich ja bereits in die eigenen Reihen eingeschlichen haben) ein Moment faschistischer Herrschaft. Beide fungieren als Instrumente der Zerstörung. D[er] Zerstörung der Feinde aus dem Weltraum aber entspricht realgesellschaftlich die Zerstörung der vitalen und mentalen Existenz des Arbeiters.

Schlagerparade

Je unerbittlicher der Kapitalismus an den Bedürfnissen und Interessen der Menschen vorbeiwirtschaftet, je weniger er imstande ist, selbst die elementarsten

Fernsehleute, ihre Quizshows nach allen Regeln der Kunst zu immer atemberaubenderer Spannung zu verdichten, führte sie allmählich zu einem verhängnisvollen corriger la fortune. Sie verhalfen ihren beim Publikum sympathischsten Kandidaten durch vorherige Bekanntgabe der erforderlichen Antworten zur Garantie, über alle Klippen der Sendung hinwegzukommen. Was ein Ausschnitt aus der Realität sein sollte, wurde in ein vorgeformtes Drama mit festgelegten Rollen verwandelt."

Hoffnungen und Glückserwartungen der Menschen zu erfüllen, um so stärker muß er sie mit Surrogaten und mit schönem Schein abspeisen. Konzentrieren sich die Surrogate in den Glücksverheißungen der Waren, denen zufolge all das, was in der gesellschaftlichen Wirklichkeit an Bedürfnissen, Wünschen und Hoffnungen nicht zu befriedigen ist, durch Warenkonsum zu befriedigen sei, so findet der schöne Schein seine prägnantesten Ausprägungen in den massenmedialen Unterhaltungsgenres.

Dabei wird selten so dick aufgetragen wie in der Schlagerparade. Hier erscheint die Realität einzig in Form naturwüchsiger gesellschaftsenthobener Standardprobleme: Liebe, Einsamkeit, Freude, Schmerz usw. Indessen sind die ständigen Versicherungen der Schlagerstars, daß sich alles um die Liebe dreht und mit ihr alle Probleme gelöst sind, unzureichend abgefertigt mit dem Hinweis auf die realitätsverdrängenden Funktionen des schönen Scheins. Wichtiger noch als der ästhetische Zuckerguß, mit dem hier die Realität überzogen wird, ist die Tatsache, daß die realen Verhältnisse in der Schlagerparade regelrecht auf den Kopf gestellt werden.

Im Kapitalismus kommt es gerade nicht auf die Liebe an, sondern auf den Egoismus des einzelnen, auf das Durchsetzen von Einzelinteressen gegen objektive gesellschaftliche Erfordernisse und Bedürfnisse, auf die Parzellierung und Desolidarisierung der Menschen. Ist der rücksichtslose Kampf um die Durchsetzung seiner Interessen genetisch Kennzeichen des kapitalistischen Unternehmers, so setzt die Arbeiterklasse dem Solidarität als ihr Hauptkampfmittel entgegen, Solidarität, gewonnen in langwierigen und harten Klassenkämpfen aus der Erfahrung und dem Bewußtsein der gemeinsamen Ausbeutung und Unterdrückung heraus. Da die Solidarität der Arbeiter der gefährlichste Feind der Kapitalisten ist, unternahmen diese schon frühzeitig vielfältige Anstrengungen, die Arbeiterklasse zu spalten und zu desolidarisieren. Diese Anstrengungen kulminieren heute im Versuch, bei den Arbeitern genau das Prinzip durchzudrücken, das die Aktivitäten der Kapitalisten bestimmt: rücksichtsloses Verfolgen von Einzelinteressen. Die Motivationen hierzu werden dem Arbeiter geliefert durch Prämien- und Gratifikationssysteme, schichtenmäßige Diversifikation seiner Klasse, wohldosierte minimale Aufstiegsmöglichkeiten usw.

3.12. Knut Hickethier: Unterhaltung in Fortsetzungen („6 unter Millionen")

Werden die gesellschaftskritischen Momente in den neuen Serien schon im Serienkonzept so angelegt, daß ihr Widerspruch zuguterletzt doch noch aufgehoben und harmonisiert wird und das Bestehende weiter gesichert, höchstens modernisiert, d.h. veränderten Bedingungen angepaßt wird, so wird diese Umbiegung und Demontage kritischer Positionen vor allem im Detail betrieben. Als besonderes Mittel erweist sich dabei, daß unterschiedliche Mitteilungsebenen im visuell-verbalen Kommunikat der Unterhaltungsserie gegeneinander gesetzt und gegeneinander ausgespielt werden können. Texte werden durch mimische, gestische und sonstige Mitteilungsebenen interpretiert und notfalls korrigiert, visuell vorgeführte Verhaltensweisen werden durch den Text ebenso interpretiert und zugespitzt auf eine bestimmte Bedeutung.

In einer nicht besonders herausgesuchten Sequenz einer Folge aus *6 unter Millionen (Söhne und Väter)* soll eine einfache Form jener Umbiegung gezeigt werden.

Die drei Freundinnen Biggi, Annika und Daniela unterhalten sich am Serien-Stammtisch, an dem sich die sechs immer treffen und der als Ersatz für den Familien-Abendbrottisch sonstiger Serien dient, über die Rolle der Frau in der Gesellschaft. Die Wirtin sitzt hinter der daneben stehenden Theke und hört zu. Biggi, die Studentin der Arbeitsmedizin, tritt mit energischer Stimme gegenüber den zwei anderen Mädchen und der Wirtin für die Gleichberechtigung der Frau ein. Dadurch, daß sie zu ihrem streng nach hinten gekämmten Haar auch noch eine Krawatte auf der Bluse trägt, die sie hin und wieder mit einer glitzernden Halbmond- und Stern-Nadel schmückt, die Hammer und Sichel assoziieren läßt (diese können selbst natürlich in einer öffentlich-rechtlichen Unterhaltungsserie im Werberahmen nicht gezeigt werden), ist sie dem Zuschauer durch die vorangegangenen 11 Folgen als linke Dogmatikerin bekannt, die allerdings ihre eigene Rolle nicht immer ganz konsequent durchhält und immer wieder ihre „Natur", das „Weibliche" in den Diskussionen durchscheinen läßt. Ihr gegenüber, die noch „weiblicher" stilisierten anderen beiden Mädchen und Brigitte Mira als Wirtin.

WIRTIN: Nun sitzt ihr hier schon ne Stunde rum, vielleicht sogar schon zwei. Und worüber redet ihr? über de Männer! Det wird sich auch nicht ändern. Deine Gleichberechtigung, Biggi, det is ne Illusion.
ANNIKA: Das fürcht ich auch. Wir sind/

1. Einstellung: Wirtin: nah, frontal, aus einer Normalsicht aufgenommen; sie spricht schräg aus dem Bild heraus zum Zuschauer/

/allein biologisch so sehr benachteiligt, daß wir von Anfang an den Kürzeren ziehen.
BIGGI: Aber Annika, wenn wir alle so denken, dann kommen wir nie weiter. Die Gesellschaft muß ganz einfach ihr System so verändern, daß auf die/

2. Einstellung: Biggi, Annika, Daniela am Stammtisch: halbtotal; leichte Aufsicht, die Mädchen sitzen so, daß nur ihre Köpfe das untere Drittel des Bildes einnehmen. Im Hintergrund läuft ein Maler mit dem Rükken zur Kamera hin und her und hängt währenddessen Bilder auf. Biggi sitzt in der linken unteren Bildecke.

/besonderen Aufgaben der Frau Rücksicht genommen wird./

3. Einstellung: Wirtin wie 1./

/ANNIKA: Amen.
BIGGI: Nee, gar nicht Amen. Auf die Besonderheiten der Männer wird schließlich auch nicht Rücksicht genommen.
DANIELA: Ist denn ein Mann etwas Besonderes?
WIRTIN: Ho ho ho.
BIGGI: Das ist allerdings eine tiefpsychologische Frage, die ich nach schweren inneren Kämpfen aber doch mit ja beantworten kann.
WIRTIN: Da sind wir aber/

4. Einstellung: wie 2. Biggi wendet sich, wenn sie spricht, aus ihrer linken unteren Bildecke heraus zum Zuschauer, leicht aufblickend.

/neugierig. Biggi: Naja, zum Beispiel der Wehrdienst, Schule, Industrie, Versicherungswesen/	*5. Einstellung:* Wirtin wie 1.
/alle können sich ohne weiteres darauf einstellen, daß Männer Wehrdienst leisten müssen, daß sie zu Reserveübungen eingezogen werden können. Mit welchem Recht schlagen dann sofort/	*6. Einstellung:* wie 2. Biggi spricht sich ereifernd aus der linken unteren Bildecke heraus weiter nach links, sie sitzt am äußersten nur möglichen Bildrand.
/die sogenannten Praktiker die Hände über dem Kopf zusammen, wenn es mal um die Anpassung an die Frau geht? Wirtin: Wenn du das so siehst, hast du natürlich recht. Biggi: Wenn Männer montags morgens nicht aus den Augen gucken können, weil sie das ganze Wochenende über gesoffen haben – schon/	*7. Einstellung:* Wirtin wie 1. nah, nachdenklich
/schluckt die Produktion diesen sogenannten blauen Montag. Aber wenn wir unsere Tage haben, dann heißt es, drauf besondere Rücksicht nehmen. Das ist doch einfach ungerecht, das sind doch keine besonderen Rücksichten. Das gehört nun mal zur Anpassung und zur Gleichberechtigung. Daniela: Aber wir sind nicht so stark wie Männer. Biggi: Naja, als Möbelpacker könnten wir sie ja behalten/	*8. Einstellung:* wie 2. Biggi sich wieder ereifernd, nach Danielas Einwurf eher ironisch.
/– und außerdem sind wir viel intelligenter! Wirtin: Das würde ich aber nicht so laut sagen, Kind.	*9. Einstellung:* wie 1. Wirtin nah, wehrt mit der Hand ab.

Die Wirtin als erfahrene Frau, die in ihrer Kneipe bisher ihren Mann gestanden und trotzdem nicht den Humor verloren hat, wird in einer der Normalsicht entsprechenden Perspektive und in einer Naheinstellung dem Zuschauer nahe gebracht. Die Mädchen dagegen sitzen so, daß sie dem Zuschauer gegenüber immer aufblicken müssen, zudem sind sie in der Halbtotalen aufgenommen und dem Zuschauer entfernter als die Wirtin. Sie werden nur mit den Köpfen am unteren Bildrand gezeigt. Biggi füllt die linkere untere Ecke aus, Annika leicht hinter ihr in der Mitte, Daniela rechts. Zwischen ihnen ein modischer Petroleumleuchter. Der gesunde Menschenverstand der Wirtin wird auch visuell deutlich, sie füllt ausgewogen das Bild. Biggi als Vertreterin der Gleichberechtigung ist visuell ins linke Abseits gedrückt, aus dem sie heraus gegenüber dem „gesunden Menschenverstand" opponieren muß.

Die visuelle Bedrängnis, aus der sie heraus argumentiert, überträgt sich auf ihre Argumentation, sie wirkt unnatürlich, abwegig, abstrus. Durch den Schuß-Gegenschuß-Schnitt der einzelnen Einstellungen von Biggi und der Wirtin wird der Zuschauer zwischen die Dialogpartner gebracht und muß Stellung beziehen. Durch das Bild wird ihm die abwartende Haltung der Wirtin als normale nahe gebracht, die andere Position, die die Gleichberechtigung der Frau fordert, wird deklassiert und abgewehrt. Der Abbau der Argumente wird dann auch verbal vollzogen. Auf die Einwände der Wirtin und der anderen Mädchen hält Biggi ihre Rolle nicht durch, ein Scherz soll beweisen, daß Gleichberechtigung unmöglich ist.

BIGGI: Keine Angst, Daniela, ich will sie ja nicht abschaffen. Manchmal sind sie ja ganz nützlich – ich will sie nur auf die ihnen zustehende Größe reduzieren. (alle lachen) ANNIKA: Ich stell mir nur vor, wie alle mit Gartenzwergen über den Kudamm spazierengehen würden – an der Leine.	*13. Einstellung:* die Mädchen wie in der 2. Einstellung. Biggi spricht aus der linken Ecke ins Bild gewandt, Annika drängt sich lachend vor, spricht frontal zum Zuschauer. Kamera schwenkt ab.

Gesellschaftskritik, verbal vorgetragen, wird auf diese Weise konterkariert durch die visuellen Mitteilungen des Films, deren Kodierung von den meisten Zuschauern nicht als solche erkannt werden, sondern als natürliche, unverfälschte Wahrnehmung empfunden wird. Dabei kommt der visuellen Mitteilung bei der Bewertung von Verhalten besondere Bedeutung zu. Durch sie werden viele beim Zuschauer vorhandenen Klischees und Vorurteile mittels stereotyper Verhaltensweisen der Serienfiguren bestätigt und ausgebaut. Ohne daß sie als solche explizit und damit bewußt werden, zeigen die Klischees der Unterhaltungsproduktion, wie man sich zu geben hat, wie man urteilt, reagiert, handelt usf.; führen also ständig Musterbeispiele gesellschaftlichen Verhaltens vor.

In ihrer bildsprachlichen Formulierung stehen sie neben den verbalen Aussagen; die visuelle Insbildsetzung mit ihren Bedeutungen gibt schon Bewertungen der verbalen Aussage vor, legt den Zuschauer fest, was er von der Rede über die gesellschaftskritischen Positionen zu halten habe; hier werden Antipathien und Sympathien für bestimmte Personen und die durch sie vertretenen Meinungen gezielt gesteuert.

Soll also wirklich in den neuen Serien Realitätsnähe, soll Aufklärung der Zuschauer und Realitätserklärung erfolgen, damit die Zuschauer zu einem veränderten Verhalten befähigt werden, dann müssen hier im visuellen Bereich auch die stereotypen Serienmuster abgebaut werden, weil gerade sie eingeschliffenes Resultat tradierter Serienunterhaltung sind. Im nicht verbalen Bereich muß ein anderes Verhalten der Serienfiguren präsentiert werden. Das bedeutet nicht, daß hier die „Unterhaltung" zugunsten einer „belehrenden" Darstellung ausgeblendet werden soll, wie von vielen, die eigentlich am liebsten gar nichts an der bisherigen Serienunterhaltung ändern möchten, immer wieder behauptet und eingewandt wird. Die gezeigten Verhaltensweisen entsprechen in weiten Teilen einfach nicht denen der Realität, sondern sind künstliche Derivate, die ihre Basis in langer bürgerlicher Unterhaltungstradition haben und die nur durch ständige Präsentation in den Medien jenen Schein von Glaubwürdigkeit sich erworben haben. Gerade bei gesellschaftlichen Randgruppen und Minderheiten, aber selbst schon in der gewiß keine Minderheit bildenden Arbeiterklasse wird ganz anders als in den Serienfilmen gehandelt und gedacht.

Daß auch andere Unterhaltung möglich ist, die auf die verlogenen, sentimentalen Idyllen und Rührszenen, auf die spannungsträchtigen plots und falschen Bilder von der Wirklichkeit verzichtet, haben eine Reihe von Fernsehfilmen des Abendprogramms gezeigt, die die Realität analytisch, rational und problemorientiert dargestellt haben und trotzdem unterhaltsam waren. Warum sollte das nicht auch für den Vorabendbereich möglich sein? Die meisten bisherigen „realitätsnäheren" Serien des Werberahmenprogramms sind jedoch, wie das Beispiel *6 unter Millionen* zeigt, davon weit entfernt. Von der Realität der Studenten in Berlin, die die Serie abbilden wollte, wird in ihr jedenfalls wenig gezeigt. Die alten Handlungsmuster und Darstellungsklischees werden mit gesellschaftskritischem „Gerede" garniert, von den Nöten und Sorgen der Studenten, von ihren Studienplatzproblemen und Ausbildungssorgen wird nur am Rande etwas vermittelt.

So unterlaufen die Bilder in ihrer schicken farbigen Ästhetik auch die angesprochenen Probleme. Da wird über die Möglichkeiten des Rauschgiftentzugs für den Sohn eines Lehrerkollegen gesprochen und wie ihm zu helfen sei, doch das Problem wird durch die Bilder von den idyllischen Parklandschaften zu einem Konversationsthema während des Mittagsflanierens herabgebracht. Da wird das Klischee der konservativen Corpsstudenten bemüht, die anzügliche Witze auf die Wirtin machen, um dagegen sofort das neue der modernen Studentenjugend zu setzen, die von derlei Firlefanz nichts hält und die Corpsstudenten verprügelt. Nicht das Klischee wird aufgelöst, sondern es wird nur ein neues daneben gestellt.

Da wird im Swimmingpool des großen Bauunternehmers von der Notwendigkeit, „die Gesellschaft zu durchlüften", von Wohnungen mit versetzbaren Wänden und von Bürgerinitiativen gesprochen, um es dann letztlich in einem gemeinsamen Aperitif enden zu lassen; da werden die ausgewählten Exemplare, die für die Studenten stehen sollen, in Diskotheken, Boutiquen, auf Millionärsfeiern, bei Fraktionsvorsitzenden und immer wieder am Stammtisch im „Zwiebelfisch" gezeigt. Das Klischee von den Studenten, die alles andere treiben, als zu studieren, leuchtet immer wieder durch.

Der Job in einem Betrieb und der Versuch, sich mit den Lehrlingen zu solidarisieren wird zum Ausflug ins Exotische umgemünzt; ganz zwangsläufig tauchen auch die anderen Stichworte als Klischees und Versatzstücke auf, die bei Studenten assoziiert werden: Rauschgift, Bärte, Nickelbrille, verbaler Radikalismus, 2CV-Entchen, Gesellschaftsveränderung, Jeans usf. Der Versuch, Realitätsnähe zu wagen, eine gesellschaftliche Minderheit zu zeigen, endet wie gehabt in einer Ansammlung von Klischees und bekannten Chiffren. Bestehende Vorurteile werden dadurch eher verfestigt als aufgebrochen. Die Familienserie hat sich nur in ein neues Kleid gehüllt, sie erscheint jetzt im Studenten-Look.

3.13. Joachim Paech: Der ‚natürliche' Rassismus („Jedermannstraße 11")

I. Die Mulattin als Nichte

Das Rentnerehepaar Lehmann erwartet die bislang unbekannte Nichte aus Brasilien. Auf dem Flughafen Tempelhof fällt die Wahl nicht schwer. Lehmann: „Sieh mal da, die Blonde. Du, das könnte sie sein." Wie sollte er auch anders; von einem blonden Bruder erwartet er eine blonde Tochter. Der kurz darauf erscheinenden Mulattin gegenüber erweist er höfliche Hilfsbereitschaft, als Verwandte kommt sie ‚natürlich' nicht in Frage. Dieser an sich harmlosen Fehlerwartung verleiht erst die Kamera ideologisches Gewicht. Sie ergreift Partei. Sie steht auf der Seite der Blonden und schwenkt bei ihrem Auftritt mit. Im Gegenschuß wird das Ehepaar Lehmann ihr als Beobachter gegenübergestellt. Herr Lehmann tritt zu ihr ins Bild. Die vielfachen Verweise im Text („Sieh mal da . . .") und Bild (Blickverweise und Körperdrehung) vermitteln den Eindruck von Zugehörigkeit und Vertrautheit. Anders wird mit der Mulattin verfahren. Sie tangiert lediglich das Bild der Lehmanns wie zufällig, wobei die Kamera auf deren, Lehmanns Seite steht. Aus der Blickrichtung der Lehmanns verfolgt die Kamera die Bewegungen der Mulattin kritisch. Sie unterstreicht deren Fremdheit und erklärt das subjektiv folgerichtige Fehlverhalten der Lehmanns als ein ‚natürliches' Ressentiment.

II. Die Hüter des Hauses

Da die Stimme des Blutes schwieg, kommt Ines, so heißt die „bildhübsche Mulattin" (Drehbuch), allein vor dem Haus Jedermannstraße 11 an. Die Fassade machte schon in der ersten Einstellung des Films, über die der Titel gelegt ist, einen abwehrenden Eindruck. Schräg von unten fotografiert, wächst das Haus wie ein Bollwerk in den Himmel. Mit dem Beginn der Handlung wird dieser Eindruck noch verstärkt. Der Briefträger, der die Ankündigung des brasilianischen Besuchs ins Haus trägt, muß erst an dessen Hütern, dem Hauswart Jeschke nebst Hund vorbei. In der so als geschlossene Gesellschaft präsentierten Hausgemeinschaft fungiert das Hauswartsehepaar Jeschke als häusliche Öffentlichkeit, deren Lokal die Wohnküche der Jeschkes ist. Herr Jeschke ist prädestiniert für diese Funktion. Als ehemaliger Seemann verbindet er die Erfahrung des In-der-Welt-Herumgekommenen mit der Ausgeglichenheit desjenigen, der sich zur Ruhe gesetzt hat. Als öffentliche Meinung des Hauses Jedermannstraße 11 behält er mit Spruchweisheiten immer das letzte Wort.

Herr Jeschke, dem Ines vor dem Haus begegnet, ist zuerst verdutzt, dann aber schnell gefaßt. Ganz anders seine Frau.

III. Der ‚natürliche' Rassismus

Jeschke, Ines und ein Taxifahrer betreten die Hauswartswohnung. Jeschke: „Tienchen, wir haben Besuch! Lehmanns haben ihre Nichte verpaßt, nun soll sie hier warten, bis sie zurückkommen." Gegenschuß: Frau Jeschkes großes, entsetztes Gesicht; Hundebellen. Schnitt auf die Beine von Frau Jeschke, wo August die Zähne fletscht. Wieder Schnitt auf das Gesicht von Frau Jeschke, die jetzt entsetzt fragt: „Die Nichte?" Schnitt auf August, der immer noch bellt und die Zähne zeigt. Gegenschuß: Ines ebenfalls in einer Großaufnahme, ängstlich vor dem Hund zurückweichend: „Cachorro!" Im Off kommandiert Frau Jeschke: „Geh auf Deinen Platz, August!" Kamerarückfahrt auf Halbnah, bis Jeschke und der Taxifahrer wieder im Bild sind. Frau Jeschke tritt von rechts ins Bild: „Sie brauchen keine Angst zu haben, er tut Ihnen nichts. Bitte kommen Sie doch näher, ich freue mich, Sie kennenzulernen."

Die Personengruppe steht zuerst in einem klar zu erkennenden Raum, der die Aktionsverhältnisse übersichtlich und damit das Verhalten der Personen relativ einsichtig macht. Diese Versicherung des Zuschauers im dargestellten Raum wird in den folgenden Bildern grundsätzlich aufgegeben. Nach einem harten Schnitt erscheint der Kopf der Frau Jeschke groß und ohne Hintergrund im Bild. Ihr isoliertes entsetztes Gesicht signalisiert Angst an sich, natürliche, kreatürliche Angst. Durch nichts wird dieser Ausdruck relativiert, im Gegenteil, in der nächsten Einstellung wird er auf der gleichen Ebene verstärkt durch den Wechsel mit dem Bild vom bellenden Hund. Die rasche Schnittfolge und die Gleichartigkeit der Erscheinungsweise von Hund und Frau Jeschke lassen beide in eins verschwimmen zu der identischen Aussage: Die spontane und ursprüngliche Reaktion auf die schwarze Rasse ist Angst und Entsetzen. Ines Erschrecken vor soviel Angst und Aggressivität wird von der Kamera übergangen, die sich eilig zurückzieht und den Raum wiedergewinnt, den Eingang zur Hauswartswohnung. Dieser versöhnliche Schluß und Frau Jeschkes: „Bitte, kommen Sie doch näher" nehmen den scheinbar instinktiven Schrecken vor der anderen Rasse nicht zurück. Der Schrecken, den eine ‚Schwarze' einflößt, soll eine natürliche und, der Hund beweist es, eine kreatürliche Reaktion auf die andere Rasse sein, wobei Frauen und Tiere noch am ehesten zur spontanen, emotionalen, d.i. natürlichen Reaktion fähig sein sollen. Der Anflug von Rationalität im Verhalten der männlichen Akteure erweist sich entsprechend als Rationalisierung einer angeblich natürlichen Angst vor dem Rassisch-Fremden.

Als Bestätigung wird die Szene in gemilderter und abgekürzter Form mit dem Eintreffen der Lehmanns wiederholt. Klopfen. Frau Jeschke: „Das sind sie. Na, die werden Augen machen. Kommen Se rin!" Herr Lehmann: „Ist unsre Nichte vielleicht hier?" Jeschke: „Ja, alles in Ordnung, hier sitzt se." Frau Lehmann (erschrocken): „Du bist . . .?" Auch hier bleibt das natürliche Erschrecken als Tatsache bestehen, die familiäre Wendung, die das Verhältnis zur Mulattin jetzt nimmt, begründet zwar ein neues Verhalten ihr gegenüber, dennoch weiß man wohl zu unterscheiden zwischen der Nichte Ines und der Mulattin. Die übertriebene Herzlichkeit, die man ihr gegenüber von nun an an den Tag legt, verwundert denn auch den eher skeptischen alten Lehmann. Nach einer Szene holden Familienglücks äußert er: „Du, ich muß sagen, ich staune, wie lieb Du zu dem Mädel bist. So nett warst Du ja nicht einmal zu Deiner eigenen Tochter." Frau Lehmann: „Findest Du? Du, ich hab sie richtig ins Herz geschlossen. Na ja, ist ja auch ein nettes Mädel, nicht?" Lehmann: „Ja weißte, wenn ich daran denke, wie Du sie das erstemal gesehen hast, da bist Du beinahe in Ohnmacht gefallen. Da hats Dir die Sprache verschlagen, was Dir sonst nie passiert."

3.14. Michael Pehlke: Der audio-visuelle Terror („High Chaparral")

Was dem Zuschauer in „High Chaparral“ an Ideologie eingeredet werden soll, wird ihm nicht direkt auf die Nase gebunden. Relais zwischen den penetranten Leitsätzen des Filmes und dem Publikum ist Cannons naiv-widerspenstiger Sohn Blue. An ihm wird durchexerziert, was eigentlich aufs Publikum zielt. Je heftiger sein idealistischer Widerstand gegen die grausamen Lebensregeln ist, desto nachhaltiger prägen sie sich dem geistesverwandten Zuschauer ein. In Blue verkörpern sich alle vag anti-autoritären Ressentiments, die, Bloch zufolge, gegen kapitalistische Zwänge aufbegehren, ohne ihnen jedoch adäquat begegnen zu können. Überhaupt liegt das Raffinement der „High-Chaparral“-Serie darin, daß in ihr alle männlichen Akteure von verstohlenen Defekten gezeichnet sind. Selbst Big John Cannon, der Familienvater, erreicht nicht jene eherne Perfektion des alten Cartwright aus der „Bonanza“-Serie. So sind die Autoren der Serie imstande, ihre jeweiligen Lern- und Anpassungsprozesse an wechselndem Personal durchspielen zu können; für jedes Problem steht die passende Gallionsfigur bereit. Für Eheschwierigkeiten ist John Cannon zuständig, für waghalsigen Leichtsinn Manolito, für zaghaftes Außenseitertum Cannons etwas dubioser Bruder Buck, für mangelndes Verantwortungsbewußtsein und moralisierende Weltfremdheit der naive Benjamin der Serie, Blue Cannon. Zudem funktionieren die beiden Jungen als Buffo-Paar zu den Cannon-Brothers, deren Erfahrung ihnen fehlt.

Im Mittelpunkt der „Geschäfte des Mr. Tanner“ steht, neben dem obligatorischen Ehe-Motiv die Erziehung Blues, der sich in der rauhen Luft Arizonas nur schwer zurecht findet. Ihm wird drastisch beigebracht, daß Eigennutz vor Mitleid geht, daß man für das Recht – sprich: den Schutz – des Eigentums unerbittlich zu kämpfen habe. Seine Lektion erhält Blue von fast allen Seiten. Am nachdrücklichsten jedoch wirken die Sprüche des stets übermütigen Manolito. So nimmt das Gespräch der beiden Jungen zentrale Bedeutung an. Symptomatisch ist nicht nur der Wortlaut dieses Gesprächs, sondern mehr noch seine optische Aufbereitung, seine Form als audiovisuelles Kommunique. Denn der explizit formulierten Ideologie entspricht die implizite Kommunikationsideologie, die deren Suggestion erst ermöglicht. Das Show-Down der Meinungen nimmt folgenden Verlauf:

1. M. „Compadre, wo willst du hin?“
   B. „Ach, nirgendwohin.“
   M. „Dann wirst du wohl nichts dagegen haben, wenn ich mitkomme. – Blue, n'schöner Abend, findest du nicht auch?“
   B. „Du Manolito, warum bist du eigentlich hier?“
   M. „Hier?“
   B. „Na ja, ich meine, wieso bist du hier in High Chaparral anstatt auf der Ranch deines Vaters?“
2. M. „Oh, ich hab gedacht, das hast du längst erraten, Blue.“
3. B. „Erraten was?“
4. M. „Tja, ich bleibe eigentlich nur hier, weil ich, hmm, wie soll ich dir das erklären, also, weil ich hier nichts weiter bin als ein einfacher Cowboy und keiner erwartet etwas anderes von mir. Auf der Rancho Montoya, ja, da bin ich natürlich der Sohn von Sebastion Montoya, einem der mächtigsten Hazienda-Besitzer von ganz Mexiko
5. und das darf ich niemals vergessen. Weißt du, Blue,

6. weißt du, manchmal, wenn ich dort bin und meinen Vater beobachte, dann sehe ich, was er tun muß, um der Mann zu sein,
7. der er ist, und dann möchte ich nicht mit ihm tauschen."
B. „Ja aber, was möchtest du denn?"
8. M. „Hahaha! Quien sabe. Bevor ich das sagen könnte, hätte ich mir höchstwahrscheinlich schon wieder etwas anderes überlegt.
9. Hahaha, also frag mich lieber nicht, hahaha.
10. Hey Blue, was möchtest du denn? Willst du das hier, High Chaparral,
11. um eines Tages der mächtigste Haziendabesitzer von ganz Arizona zu sein?"
B. „Ja, ich glaube, das möchte ich."
12. M. „Ganz bestimmt?"
13. B. „Ja sicher, ich glaub' schon. Aber ganz genau kann ich dir das nicht sagen, Manolito."
M. „Was kannst du nicht sagen?"
B. „Na ja, ich weiß nicht, ob ich so wie dein Vater oder meiner werden kann. Ich weiß nicht, ob ich alles genauso tun könnte."
14. M. „Wie gerade, J. Perez zu sagen, daß er kein Wasser bekommen kann?"
B. „Aber das war ungerecht von ihm."
M. „In unseren Augen ja. Dein Vater denkt anders. Und wenn man an sein Ziel denkt, dann hat er damit vollkommen recht, Blue."
15. B. „Nein, Manolito, das hätte ich ganz sicher nie getan, nie."
16. M. „Dann wirst du's eben lernen müssen. – Adios!"

Dem Gespräch voraus ging eine heftige Auseinandersetzung zwischen Sohn und Vater über dessen Verhalten gegenüber Perez. In diesem abendlichen Streitgespräch, das während des Essens stattfand, formulierte Blue erbittert sein moralisches Verdammungsurteil, ohne vom Vater mit Argumenten widerlegt zu werden. Cannons Verteidigung beschränkt sich auf die lapidare Feststellung, einzig die Verteidigung des Besitzes sei wichtig und legitimiere alle Maßnahmen, wie verwerflich sie auch scheinen mögen. In der protokollierten Szene erfährt Cannons Meinung ihre Rechtfertigung, von einer Seite allerdings, der man solche Einsicht kaum zugetraut hätte. Daß gerade Manolito, mit allen Akzidentien von Leichtsinn und draufgängerischer Humanität ausgestattet, Cannons Maßnahmen gutheißt, verwundert nicht nur den arglosen Blue. Zugleich wird hier einsichtig, daß der Lebemann Manolito sich seine sorglose Nonchalance nur leisten kann, weil im Hintergrund das Erbe, die Rancho Montoya, seiner harrt. Ausgerechnet der Hippie des Films tritt unversehens für verantwortungsbewußte Eigentumspolitik ein, die über jedes gefährliche Mitleid erhaben ist. Dieser erstaunlichen Wendung, die Manolitos Argumenten große Wirkung verschafft, springt die optische Repräsentation der Dialog-Szene bei.

Der Klimax von Manolitos Argumenten, deren unerbittlicher Logik Blue sich nicht zu entziehen vermag, entspricht die Verdoppelung der Bildinhalte. Beschränkt sich die Kamera eingangs auf alternierende Großaufnahmen der beiden Diskutanten, so bringt sie gegen Ende des Gesprächs, als sich Blue in Manolitos Argumenten verfangen hat, beide Jungen ins Bild. Symbolisch bildet sie in den Schlußeinstellungen (11–15) die prinzipielle Übereinstimmung der Positionen, der Blue sich nicht entziehen kann, ab. Vorbereitet wurde diese Harmonie schon in jenen Einstellungen (5, 7, 9), in denen Blues jämmerlich dreinschauendes Gesicht beredten Kommentar zu Manolitos off-gesprochenen Worten liefert.

Blues Unterlegenheit, sein nur moralisches Aufbegehren gegen die Notwendigkeit, ist so dem Zuschauer bereits optisch vermittelt. Dazu kommt, daß der Verhandlungsgegenstand, das Eigentum in Gestalt der Ranch, außerhalb des Bildes bleibt. Nur ein Balken der Veranda ist zu sehen, und einmal, in Einstellung 10, verweist Manolito verbal auf High Chaparral, um deren Bestand das Gespräch letztlich kreist. Das Eigentum und die Verpflichtungen, die es, seien sie auch noch so unmenschlich, seinem Besitzer auferlegt, stehen nicht zur Debatte, weder optisch noch im Dialog; die Diskussion behandelt nur die Modalitäten der Bewahrung. Diese Technik des Verschweigens des dennoch Hypostasierten bestimmt die Machart des ganzen Films. Ebensowenig wird die Autorität der beiden Väter in Zweifel gezogen. Jedesmal, wenn von einem der Väter die Rede ist, erscheint dessen Sohn im Bild.

Der Geschlossenheit des Dialogs, dessen Verlauf von Blue mit Recht als Teufelskreis empfunden wird, entspricht die Geschlossenheit der Sprech- und Bildsituation. Daß sich Blue und Manolito miteinander unterhalten, wird von der Kamera wörtlich genommen: Die Stellung der Kamera zur Gesprächsachse verhindert, daß der Zuschauer ins Gespräch einbezogen wird. Vor seinen Augen wird distanziert verhandelt, ohne daß allerdings diese Verhandlung der Geste des „tua res agitur“ entbehrt. Die distanzierte Statik der Szene glättet die Wogen der Erregung, die die hektische Abendessen-Szene im Zuschauer aufgewühlt hat, und beweist damit, wie überflüssig, kindlich und lächerlich Blues Erregung in Wahrheit ist. So schlägt sich die Selbstverständlichkeit von Eigentum und Autorität im formalen Aufbau einer zentralen Szene nieder.

Quellenverzeichnis

Abend, Michael: Die Tagesschau. Präsentation und Illustration. Aus: MICHAEL ABEND: Die Tagesschau. Zielvorstellungen und Produktionsbedingungen. In: Rundfunk und Fernsehen 22 (1974), Heft 2, S. 177–179

Bitomsky, Hartmut: Die Deutlichkeit der Signifikanten und die Undeutlichkeit der Signifikate. Aus: HARTMUT BITOMSKY: Die Röte des Rots von Technicolor. Kinorealität und Produktionswirklichkeit. Neuwied, Darmstadt: Luchterhand 1972 = Sammlung Luchterhand 69, S. 63–66

Dahlmüller, Götz/Hund, Wulf D./Kommer, Helmut: Gesellschaftlicher Gehalt (Unterhaltungsgenres). Aus: DAHLMÜLLER/HUND/KOMMER: Politische Fernsehfibel. Materialien zur Klassenkommunikation. Reinbek: Rowohlt Taschenbuch Verlag 1974 = rororo Sachbuch 6849, S. 77, 81–84

Eisenstein, Sergej: Dialektische Theorie des Films. Aus: DIETER PROKOP (Hrsg.): Materialien zur Theorie des Films. Ästhetik, Soziologie, Politik. München: Hanser 1971, S. 68–70, 72f.

Eisenstein, Sergej: Zur Komposition des ‚Streik'-Finale. Aus: SERGEJ M. EISENSTEIN: Schriften, hrsg. v. HANS-JOACHIM SCHLEGEL, Bd. 1: Streik. München: Hanser 1974 = Reihe Hanser 158, S. 275f.

Eisenstein, Sergej: Dickens, Griffith und Wir (Montage und Gesellschaftsordnung). Aus: SERGEJ EISENSTEIN: Gesammelte Aufsätze I. Zürich: Verlag „Die Arche" Peter Schifferli o.J., S. 109f., 113, 118, 123f., 133, 134f.

Ejchenbaum, Boris: Probleme der Filmstilistik. Aus: WOLFGANG BEILENHOFF (Hrsg.): Poetik des Films. München: Fink 1974, S. 30–32, 34f., 36f.

Farocki, Harun: Über die Arbeit mit Bildern im Fernsehen. Aus: Filmkritik Nr. 211, Juli 1974, S. 309–311, 313f., 316

Farocki, Harun: Das Fernsehfeature. Der Ärger mit den Bildern (= Drückebergerei vor der Wirklichkeit). Aus: Frankfurter Rundschau Nr. 127 vom 2. Juni 1973

Greulich, Helmut: Manipulation im Fernsehen. Aus: DIETER BAACKE (Hrsg.): Mediendidaktische Modelle: Fernsehen. München: Juventa 1973, S. 190–196

Hickethier, Knut: Lexikon der Grundbegriffe der Film- und Fernsehsprache. Originalbeitrag unter Verwendung folgender Literatur: FRIEDRICH KNILLI, ERWIN REISS: Einführung in die Film- und Fernsehanalyse. Ein ABC für Zuschauer. Steinbach: Anabas 1971; WDR Westdeutsches Schulfernsehen: Schüler machen Filme. Materialsammlung: Lexikon (verfaßt von Joachim Paech); ULRICH KUROWSKI: Lexikon Film. München: Hanser 1972 = Reihe Hanser 101

Hickethier, Knut: Unterhaltung in Fortsetzungen („6 unter Millionen"). aus: PETER V. RÜDEN (Hrsg.): Das Fernsehspiel. Möglichkeiten und Grenzen. München: Fink 1975 = Kritische Information 22, S. 152–158

Hickethier, Knut/Scholtyssek, Barbara: Notizen zur Programmpolitik. Aus: Neue Gesellschaft für Bildende Kunst e.V., Arbeitsgruppe Massenmedien (Hrsg.): Klassenmedium Fernsehen. Berlin: 1973, S. 99f.

Maletzke, Gerhard: Wesensmerkmale des Fernsehens. Aus: GERHARD MALETZKE: Zur wissenschaftlichen Erforschung des Fernsehens. In: DERS. (Hrsg.): Einführung in die Massenkommunikationsforschung. Berlin: Spiess 1972, S. 148f.

Metz, Christian: Probleme der Denotation im Spielfilm. Aus: CHRISTIAN METZ: Semiologie des Films. München: Fink 1972, S. 160f.

Metz, Christian: Cinéma und Fernsehen. Aus: CHRISTIAN METZ: Sprache und Film. Frankfurt/M.: Athenäum 1973 = Wissenschaftliche Paperbacks, Literaturwissenschaft 24, S. 255f., 259f.

Paech, Joachim: Der ‚natürliche' Rassismus („Jedermannstraße 11"). Aus: FRIEDRICH KNILLI (Hrsg.): Die Unterhaltung der deutschen Fernsehfamilie. Ideologiekritische Untersuchungen. München: Hanser 1971 = Reihe Hanser 64, S. 30–33

Paetzold, U.: Wie ‚objektiv' können Nachrichten sein? Aus: Gewerkschaftliche Monatshefte 1973, Heft 8, S. 490–493

Pasolini, Pier Paolo: Es gibt kein Wörterbuch der Bilder. Aus: PIER PAOLO PASOLINI: Die Sprache des Films. In: FRIEDRICH KNILLI (Hrsg.): Semiotik des Films. München: Hanser 1971, S. 39–41

Pehlke, Michael: Der audio-visuelle Terror („High Chaparral"). Aus: FRIEDRICH KNILLI (Hrsg.): Die Unterhaltung der deutschen Fernsehfamilie. Ideologiekritische Untersuchungen. München: Hanser 1971 = Reihe Hanser 64, S. 78–82

Peters, Jan-Marie: Die Struktur der Filmsprache. Aus: Publizistik 7 (1962), Heft 4, S. 195–204; zit. nach: KARSTEN WITTE (Hrsg.): Theorie des Kinos. Frankfurt/M.: Suhrkamp 1973 = edition suhrkamp 557, S. 175–178

Peters, Jan-Marie: Zweierlei Filmsprache. Aus: JAN-MARIE PETERS: Bild und Bedeutung. Zur Semiologie des Films. In: FRIEDRICH KNILLI (Hrsg.): Semiotik des Films. München: Hanser 1971, S. 66–68

Protokoll der „Schlachthof"-Szene des Eisenstein-Films „Streik" („Streik"-Protokoll). Aus: SERGEJ M. EISENSTEIN: Schriften, hrsg. v. HANS-JOACHIM SCHLEGEL, Bd. 1: Streik. München: Hanser 1974 = Reihe Hanser 158, S. 182–184

Pudowkin, Wsewolod I.: Über die Filmtechnik (Der Kuleschow-Effekt). Aus: WSEWOLOD I. PUDOWKIN: Filmtechnik, Filmmanuskript und Filmregie. Zürich: Verlag „Die Arche" Peter Schifferli 1961, S. 196–199

Richter, K./Schatzdorfer, G.: Die Verwischung von Abbild und Wirklichkeit. Aus: K. RICHTER, G. SCHATZDORFER: Zur Ästhetik des Fernsehens. In: Jugend, Film, Fernsehen 1973, Heft 3, S. 135–137

Schanz, Gunter: Filmsprache und Filmsyntax. Aus: MICHAEL BUSELMEIER (Hrsg.): Das glückliche Bewußtsein. Anleitungen zur materialistischen Medienkritik. Darmstadt, Neuwied: Luchterhand 1974 = Sammlung Luchterhand 1002, S. 104–107

Straßner, E.: Die TV-Nachrichtensendung ‚Heute'. Aus: Rundfunk und Fernsehen 22, (1974), Heft 2, S. 271f.

Bildnachweis

Sergej M. Eisenstein, Schriften, hrsg. v. Hans Joachim Schlegel, Bd. 1, Streik, München 1974: Seite 21. Hans Richter, Filmgegner von heute – Filmfreunde von morgen, Berlin 1929: 16. Franziska Scherer, Köln: 88/89. Westdeutscher Rundfunk, Schulfernsehen, Köln: 46–48.

Hinweise auf weiterführende Literatur

(In der folgenden Übersicht wird, nach Stichworten geordnet, auf zusätzliche und vor allem leicht erreichbare Literatur aus dem Umkreis der Film- und Fernsehanalyse im Deutschunterricht hingewiesen.)

Theorie der Massenmedien

ENZENSBERGER, H. M.: Baukasten zu einer Theorie der Medien. In: Kursbuch 20, 1970

KNÖDLER-BUNTE, E.: Zu einem gesellschaftlichen Begriff des Mediums. In: H. K. EHMER (Hrsg.): Visuelle Kommunikation. Beiträge zur Kritik der Bewußtseinsindustrie. Köln 1971

KREIMEIER, K.: Grundsätzliche Überlegungen zu einer materialistischen Theorie der Massenmedien. In: D. PROKOP (Hrsg.): Massenkommunikationsforschung, Bd. 1 (Produktion). Frankfurt/M. 1972 = Fischer Taschenbuch 6151

BAACKE, D. (Hrsg.): Kritische Medientheorien. Konzepte und Kommentare. München 1974

Politökonomie und Soziologie der Massenmedien

1. Allgemein (Standardwerke)

ZOLL, R./HENNING, E.: Massenmedien und Meinungsbildung. Angebot, Reichweite, Nutzung und Inhalt der Medien in der BRD. München 1970

HOLZER, H.: Gescheiterte Aufklärung? Politik, Ökonomie und Kommunikation in der Bundesrepublik Deutschland. München 1971

DRÖGE, F.: Wissen ohne Bewußtsein. Materialien zur Medienanalyse. Frankfurt/M. 1972 = FAT 4009

AUFERMANN, J./BOHRMANN, H./SÜLZER, R. (Hrsg.): Gesellschaftliche Kommunikation und Information. 2 Bde. Frankfurt/M. 1973 = FAT 4021/22

PROKOP, D. (Hrsg): Massenkommunikationsforschung, Bd. 1: Produktion. Frankfurt/M. 1972 = Fischer Taschenbuch 6151, Bd. 2: Konsumtion. Frankfurt/M. 1973 = Fischer Taschenbuch 6152

2. Film

BÄCHLIN, P.: Der Film als Ware. Basel 1945, Reprint 1972

PROKOP, D.: Soziologie des Films. Darmstadt, Neuwied 1974

DOST/HOPF/KLUGE: Filmwirtschaft in der BRD und in Europa. Götterdämmerung in Raten. München 1973

3. Fernsehen

HEYERMANN/REISS: Ökonomische Aspekte des Fernsehens. In: Klassenmedium Fernsehen (Hrsg: NGBK) Berlin 1973

DRÖGE, F.: Produktionsbedingungen des Fernsehens in der Bundesrepublik und ihre Konsequenz für die Programmgestaltung. In: Filmkritik Nr. 201, 1973 (s. a. Wissen ohne Bewußtsein)

Filmgeschichte

GREGOR, U./PATALAS, E.: Geschichte des Films. München, Gütersloh, Wien 1973

LÜDECKE, W.: Der Film in Agitation und Propaganda der revolutionären deutschen Arbeiterbewegung (1919–1933). Berlin 1973

KREIMEIER, K.: Kino und Filmindustrie in der BRD. Kronberg 1973 = Scriptor Taschenbücher 11

AUTORENKOLLEKTIV: Der sowjetische Film. Von den Anfängen bis zur Gegenwart. 2 Bde. Berlin (DDR) 1974

Freunde der Deutschen Kinemathek, Red. U. GREGOR: Die künstlerische Avantgarde im sowjetischen Stummfilm. Eine Dokumentation. Berlin 1974

Filmtheorie

ARNHEIM, R.: Film als Kunst. München 1975 (Berlin 1932)

BALÁZS, B.: Der Film. Werden und Wesen einer neuen Kunst. Wien 1972 (1949)

DADEK, W.: Das Filmmedium. Zur Begründung einer allgemeinen Filmtheorie. München, Basel 1968

KRAKAUER, S.: Theorie des Films. Die Errettung der äußeren Wirklichkeit. Frankfurt/M. 1964 (1973)

KUROWSKI, U.: Lexikon Film. München 1972

WILDENHAHN, K.: Über synthetischen und dokumentarischen Film. Zwölf Lesestunden. Frankfurt/M. 1975

Fernsehgeschichte

FÜRST, L.: 2000 Jahre Fernsehen. Entdeckungen und Erfindungen. Reinbek b. Hamburg 1971

MEYN, H.: Massenmedien in der Bundesrepublik Deutschland. Berlin 1974

FLOTTAU, H.: Hörfunk und Fernsehen heute. München, Wien 1972

Medienpolitik

ZOLL, R. (Hrsg.): Manipulation der Meinungsbildung. Opladen 1971 = Kritik 4
MÜLLER-DOOHM, S.: Medienindustrie und Demokratie. Verfassungspolitische Interpretation – Sozioökonomische Analyse. Frankfurt/M. 1972
SCHMIDT, H.: Kommunikationspolitische Alternativen. Berlin 1972
SCHNEIDER, N.: Medienpapiere der Parteien. In: medium 4 (1974), Heft 7

Programmpolitik

GEYER, F. K.: Programme kosten Geld. Produktionsformen, -abläufe und -kosten im Fernsehen. In: ARD-Jahrbuch 1973. Hamburg 1973
ARD/ZDF (Hrsg.): Schlagwort: „Koordination". Texte aus Planung und Praxis. Mainz 1974 (kostenlos)
ELLINGHAUS, G.: Fernsehmacher – eine Untersuchung über Produktionsbedingungen und Einstellungen von Mitarbeitern des SDR. Tübingen 1975
DAHLMÜLLER, G./HUND, W. D./KOMMER, H.: Kritik des Fernsehens. Neuwied 1973

Kommunikationssoziologie

HOLZER, H.: Kommunikationssoziologie. Reinbek b. Hamburg 1973
BADURA, B./GLOY, K.: Soziologie der Kommunikation. Stuttgart/Bad Cannstadt 1972 = problemata 11

Kommunikationstheorie

SCHRAMM, W.: Grundfragen der Kommunikationsforschung. München ³1970
WATZLAWICK, P./BEAVIN, J. H./JACKSON, D. D.: Menschliche Kommunikation. Bern 1971
HUND, W. D.: Kommunikation in der Gesellschaft. Frankfurt/M. 1970
HELD, K.: Kommunikationsforschung – Wissenschaft oder Ideologie? München 1974

Zeichentheorie (Semiotik)

ECO, U.: Einführung in die Semiotik. München 1972
KLAUS, G.: Semiotik und Erkenntnistheorie. Berlin (DDR) ³1972
MORRIS, CH. W.: Grundlagen der Zeichentheorie. Ästhetik und Zeichentheorie. München 1972
MORRIS, CH. W.: Zeichen, Wert, Ästhetik. Frankfurt/M. 1975

Filmsemiotik

Bibliographie zur Filmsemiotik in: F. KNILLI (Hrsg.): Semiotik des Films. Frankfurt/M. 1974

HEISS/CASELMANN/SCHORB/HEIMANN: Bild und Begriff. München 1963

Sprache im technischen Zeitalter, 1965, Heft 13: Sonderheft: Die Rolle des Worts im Film

Sprache im technischen Zeitalter, 1968, Heft 27 (Hrsg.: F. KNILLI): Zeichensystem Film, Versuche zu einer Semiotik

EPSTEIN, J.: Die Logik der Bilder. In: A. SILBERMANN (Hrsg.): Mediensoziologie, Bd. 1: Film. Düsseldorf, Wien 1973

METZ, CHR.: Sprache und Film. Frankfurt/M. 1973

Manipulation

BERGNER, D. u. a.: Manipulation. Die staatsmonopolistische Bewußtseinsindustrie. Berlin (DDR) 1968

GLOTZ, P./LANGENBUCHER, W.: Manipulation – Kommunikation – Demokratie. Prolegomena zu einer Analyse von Kapitalismus und Kommunikation. In: Aus Politik und Zeitgeschichte. Beilage zur Wochenzeitung Das Parlament vom 21. 6. 1969

RUST, H.: Massenmedien als Sozialisationsfaktoren. Manipulation oder Emanzipation. In: Rundfunk und Fernsehen 19 (1971), Heft 3

Wirkungsforschung

KOSZYK, K.: Wirkungen der Massenkommunikation. Ergebnisse und Kritik einer Forschungsrichtung. In: Aus Politik und Zeitgeschichte. Beilage zur Wochenzeitung Das Parlament vom 23. 9. 1972

DRÖGE, F./WEISSENBORN, R./HAFT, H.: Wirkungen der Massenkommunikation. Frankfurt/M. 1973 = FAT 4024

BUSELMEIER, K.: Zur Diskussion über Fernsehwirkung. In: K. BUSELMEIER (Hrsg.): Das glückliche Bewußtsein. Darmstadt, Neuwied 1974 = Sammlung Luchterhand 1002

SOMMER/GROBE: Aggressiv durch Fernsehen? Neuwied, Berlin 1974

Film- und Fernsehanalyse

KNILLI, F./REISS, E.: Einführung in die Film- und Fernsehanalyse. Ein ABC für Zuschauer. Steinbach 1971

KÖNIGSTEIN, H.: Es war einmal ein Western: Stereotyp und Bewußtsein. In: K. H. EHMER (Hrsg.): Visuelle Kommunikation. Beiträge zur Kritik der Bewußtseinsindustrie. Köln 1971

WEMBER, B.: Objektiver Dokumentarfilm? Modelle einer Analyse und Materialien für den Unterricht. Berlin 1972

HILD/LÄNGSFELD: Zur Analyse von Film und Fernsehen. Materialien zu einer Propädeutik der Medienerziehung (Semiotische Analyse). In: Jugend/Film/Fernsehen 1972, Heft 3 und 4

Probst-Hartmann, E.: Der Film ‚Panzerkreuzer Potemkin' als Demonstration ikonischer Nachrichtenvermittlung. In: Hund, W. D. (Hrsg.): Kommunikationstopologie. Frankfurt/M. 1973

Film und Fernsehen als Gegenstand des Deutsch- und Literaturunterrichts

Hoffmann, D.: Literatur zum Thema Fernsehen und Fernsehsendungen als Unterrichtsgegenstand. In: Diskussion Deutsch 3 (1972), Heft 9

Reiss, E.: Literaturwissenschaft, Kommunikationswissenschaft und Medienerziehung. In: Neue Ansichten einer künftigen Germanistik, hrsg. v. J. Kolbe. München 1973 = Reihe Hanser 122

Knilli, F.: Massenmedien und Literaturwissenschaft. In: Ebd.

Grünwaldt, J.: Analyse von Fernsehserien im Deutschunterricht. In: H. Ide (Hrsg.): Projekt Deutschunterricht 5. Stuttgart 1973

Gast, W.: Zum politischen Wirkungspotential der Fernsehunterhaltung. Probleme der Aussagenanalyse von Unterhaltungsserien am Beispiel der Serie „Der Kommissar". In: Diskussion Deutsch 4 (1973), Heft 14

Hickethier, K./Lützen, W. D./Schwarz, R.: Unterrichtsgegenstand Fernsehen. In: Diskussion Deutsch 4 (1973), Heft 14

Gorsen, P./Paech, J.: Vom kritischen Literatur- zum emanzipierten Medienunterricht. In: Brackert, H./Raitz, W. (Hrsg.): Reform des Literaturunterrichts. Eine Zwischenbilanz. Frankfurt/M. 1974 = edition suhrkamp 672

Schwarz, R.: Kritik der Massenkommunikation im Deutschunterricht – eine Bestandsaufnahme. In: R. Schwarz (Hrsg.): Manipulation durch Massenmedien – Aufklärung durch Schule? Stuttgart 1974 = Didaktik der Massenkommunikation 1

Kübler, H.-D.: Überlegungen zu Stand und Aussicht der Mediendidaktik. In: Diskussion Deutsch 6 (1975), Heft 25

Möhrmann, R.: Kinorealität oder Hat der Film seine Revolution verpaßt? In: Ebd.

Texte und Materialien zum Literaturunterricht

Herausgegeben von Hubert Ivo, Valentin Merkelbach und Hans Thiel

Texte zur Literatursoziologie	(6201)
Schiller in Deutschland 1781-1970	(6202)
Weitermachen? Abschaffen? Verändern?	(6203)
Science-fiction. Eine Textsammlung	(6204)
Science-fiction. Materialien und Hinweise	(6205)
Vietnam. Wissenschaftliche Analysen. Politische Reden. Interviews. Stellungnahmen. Gedichte.	(6206)
Kontroverse Interpretationen Brechtscher Lyrik	(6207)
Die literarische Reportage	(6208)
Methoden der Literaturanalyse im 20. Jahrhundert	(6209)
Deutsche Literatur im Wilhelminischen Zeitalter	(6210)
Goethe unter den Deutschen 1773-1975	(6211)
Probleme des Pressewesens	(6212)
Politische Lyrik des Vormärz (1840-48).	(6213)
Werbung	(6215)
Comics	(6216)
Arbeiterliteratur	(6217)
Neue Science-fiction	(6218)
Expressionismus	(6219)
Gegengesänge. Parodien. Variationen.	(6220)
Literaturpolitik und Literaturkritik in der DDR	(6222)
Heinrich Heine	(6223)
Texte zur Romantheorie	(6225)
Antifaschistische Literatur 1933-1945	(6226)
Arbeiterliteratur II	(6227)
Moderne Mythen und Mythenkritik	(6228)
Der Kriminalroman	(6229)
Kriminalgeschichten	(6230)
Der Deutsche Bauernkrieg	(6233)
Texte aus der Jugendliteratur	(6234)
Weltliteratur	(6237)
Mundartliteratur	(6238)
Till Eulenspiegel. Texte zur Rezeptionsgeschichte	(6239)

Diesterweg

622/11

Kommunikation/Sprache

Materialien für den Kurs- und Projektunterricht.
Hrsg. von Hans Thiel.

Einführung in die Linguistik	(6241)
Kommunikation und Information	(6242)
Sprache und Schicht	(6243)
Wirkungen von Massenmedien	(6244)
Politische Reden in Deutschland	(6245)
Sprachnorm und Gesellschaft	(6246)
Sprechen, Denken, Wirklichkeit	(6248)
Die Namen der Dinge und die Bedeutung der Wörter	(6249)
Texte Ost – Texte West	(6250)
Orthographie und Gesellschaft	(6251)
Sprache, Arbeit, Gesellschaft	(6252)
Sprache und Sexualität	(6253)
Fachsprache und Gemeinsprache	(6254)
Film- und Fernsehsprache I	(6255)
Fachsprache der Justiz	(6256)
Politische Reden in der Bundesrepublik Deutschland	(6257)
Kommunikationspsychologie und Literatur	(6258)
Sprache der Statistik	(6260)
Spracherwerb – Kindersprache	(6291)
Text und Situation	(6292)
Nationalsozialismus und deutsche Sprache	(6294)
Technische Fachsprachen	(6296)
Alltagsgespräche	(6297)

Diesterweg

62/4